たべるたのしみ

甲斐みのり

目次

たべるたのしみ

旅のかけら

装画・題字　湯浅景子

はじめに

衣食住の中でも、食べることが暮らしの中心となり、なによりの楽しみになってから、随分と気が楽になった。

食べることをあと回しにしてでも、書物や音楽や映画などの文化に触れていたかった若き日や、昼夜の境目なく一心不乱に働き、なおかつ貪欲においしいものを求めて食事をしていた頃を振り返ると、楽しい思い出が数多《あまた》あるけれど、同時にチクッとした胸の痛みを伴う。

朝食・昼食・夕食・おやつの時間を軸に一日の予定を組み、全体のバランスを考えて素材や量を調整するようになってから、心の靄《もや》が晴れ、記憶の純度が高くなった。心の均衡が保たれ、穏やかに日々を過ごせるようになった。

人生最後になにを食べよう。最近殊《こと》に考える事柄だ。親しい誰かと話題にすれば、間違いなく盛り上がり、それぞれ好物を並べたてては、互いの食いしん坊ぶりに大きな笑いがこぼれる。

私にとって食べることは、生きることだ。最後までしっかり意思を持って食べるんだという〈人生最後の食〉への思いは、生きることへの執着でもあり、誰にも必ず訪れる終わりのときの享受でもあるのだろう。

食べることで人の身体は作られる。人生最期のその日まで、ほどよく気楽な自分であるために、食べることを楽しみ続けたい。

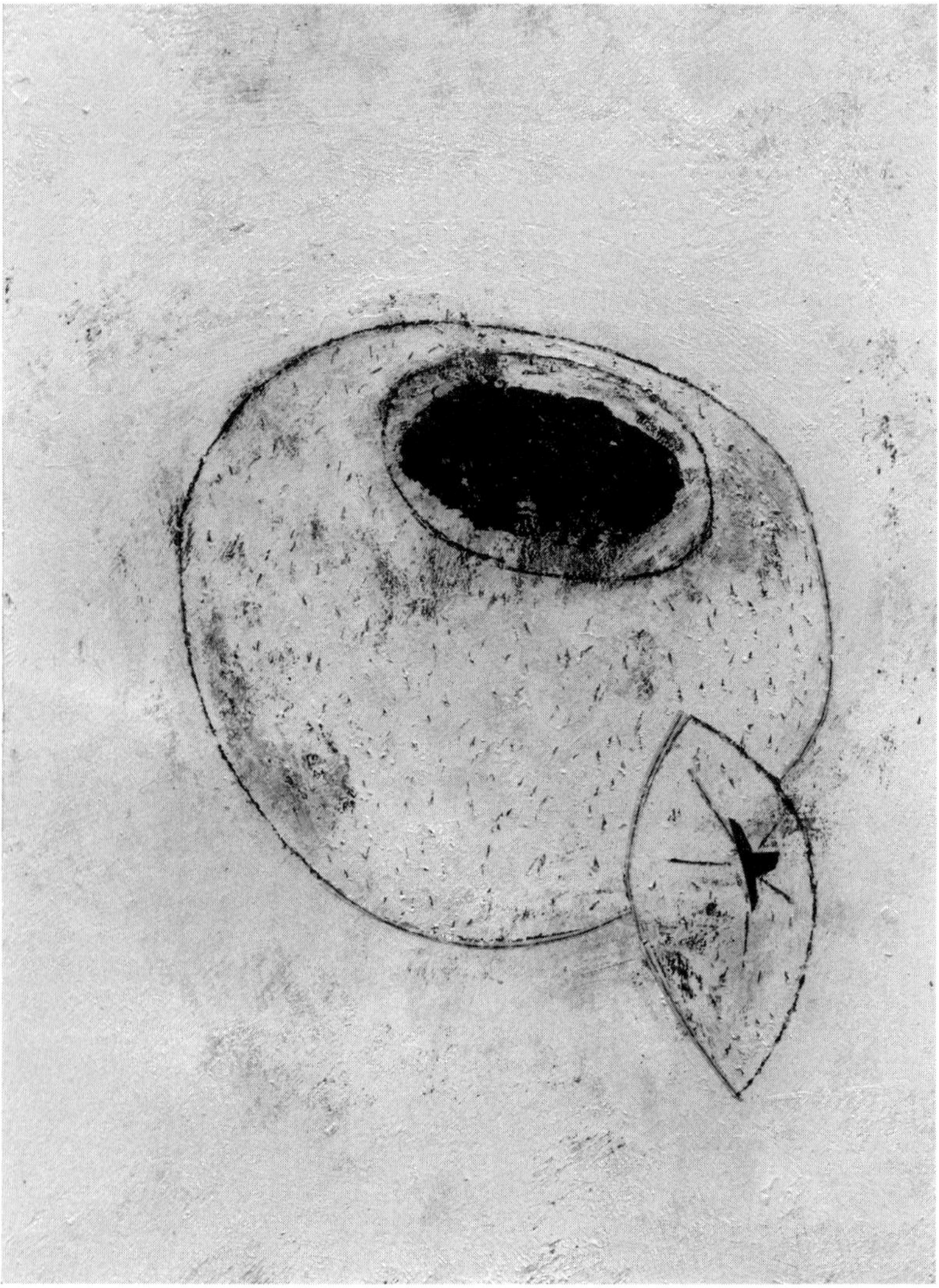

おやつの記憶

記憶の中のジャムパン

保育士をしている母は、高校教師だった父より帰りが遅く、家に着くのはいつも夕方六時過ぎだった。家族がお腹を空かせていないか心配なようで、ばたばたと玄関に駆け込み、

「これ食べて待っててね」

と、私と姉におやつ袋を渡してから夕食の支度をはじめた。

おやつ袋というのは、保育園でその日に出たおやつをビニール袋に詰めたもの。どうやら母は自分の分に手をつけず、娘たちのためにと持ち帰っていたようだった。

園児用らしく、子どもせんべいや動物ビスケットなど素朴なお菓子が多い中、週に一度は入っていたのが、薄い食パンを二枚合わせ、いちごジャムとマーガリンを挟んだジャムパンだった。真四角なのを半分に切った短冊形。おやつというには随分と遅い時間だったが、いちご味のジャムパンは私にとって、幼い日を思い出す大

切なおやつの記憶のひとつ。

母は毎晩眠る前、私が選んだ本を読んでくれた。松谷みよ子さんの『ちいさいモモちゃん』シリーズを気に入っていたが、殊に好きだったのが『ジャムねこさん』という短編。黒猫・プーの前に、あんず色の背中の白い子猫が現れる話。ジャムパンになってしまいやしないかと心配する子猫を、プーは必死でなぐさめる。ぽかぽか心が温まる二匹のかけ合いが、なんともおかしく愛くるしい。おやつがジャムパンだった日は、この絵本を選んで読んでもらった。私は母の懐で、夕方食べたジャムパンの味を思い出しながら、甘い気持ちで目を閉じた。

日本ではじめてジャムパンが販売されたのは明治時代。あんぱんと区別するため、生地は木の葉の形につくられた。中身はアンズジャムが一般的で、いちごジャムが当たり前になったのは戦後になってかららしい。

本郷の明月堂は、明治二十五年創業の老舗パン屋で、帽子型の甘食で知られている。昔ながらの懐かしいパンがずらりと並んでいて、ここのいちごのジャムパンがときどき食べたくなり、本郷まで買いに出かける。私の記憶の中にあるジャムパンと形こそ違えど、ふんわり優しく、母性的な味がする。

そよ風のゼリー

台所の食器棚の隅っこの、ちんまりと慎ましいアルミのカップ。それは、ちろちろと鈍い光沢を放つ、私のおやつの記憶の一片。本当は、底にうさぎや花の型がついたものがほしかったけれど、我が家にあったのは少しいびつな円形だった。

寒天菓子を流し込むときは四角いアルミの弁当箱、ゼリーとプリンは丸いカップ。よく似ているのに違った容器を使い分ける母を、そこはかとなく頼もしく思った。

まだ体から湯気が上がる夏の夜のお風呂上がり、ひんやり冷えたカップの中、いちごやメロンの彩りの透き通ったゼリーに楊枝をさして空気を送り、トントンとリズムをつけてひっくり返す。すると間もなく、みずみずしく鮮やかな小山が、皿の上でふるっと揺らぐ。こぶりのティースプーンでひとすくいごと大事に口に運んでいたのは、儚《はかな》く繊細な味わいへの慈《いつく》しみだった。

記憶に残る味わいよりずっと手が込んでいて滋味深くあるけれど、夏の夜の空気や匂いを思い出し、きゅっと懐かしさを掴まれるのは、ゼリーのイエのゼリーより他にない。手づくりゼリーの専門店で、もともと家庭の台所でつくっていたものが近所で評判になり、種類も客足とともに増えていったという。創業から四半世紀が経ち、母から息子へレシピと技術が引き継がれた。

「五月のそよ風をゼリーにして持ってきてください」

二十四歳で急逝《きゅうせい》した詩人・立原道造《たちはらみちぞう》が、息を引き取る少し前に、友人たちに語ったと伝わる言葉だ。

新緑が萌える五月の蒼《あお》い風景は、なにかに強く憧れたり、はじめて誰かを好きになった、少女時代の思い出を彷彿させる、清らかな季節である。

道造が手の平ですくい取ってみたかったそよ風とは、私たち誰しもが心の内に抱えて生まれてきた、ゼリーのようにきらめき透き通った優しい気持ちの塊ではなかったろうか。濁りのない質感と香味を具有した、心模様なのだろう。

心が和らぐ秋の味

てるてる坊主を窓辺にさげ、手を胸の上で組んで祈りながら眠りについた翌朝、神様への願いは届き、見事な好天。リュックサックにおにぎりを詰めて、肩から水筒をさげる。スモックと慣れないズボン、それから長靴を履いて威勢よく

「行ってきます！」

と大きな声で挨拶し、保育園の友達と手を取り合ってバスに乗り込んだ。みんなで歌を歌いながら、バスは田舎道を進んで行く。

私の最も古い遠足の記憶は、秋の芋掘り。土をぐいぐいかき分けて、大小のぽってりとした塊を、うんとこしょと引っ張り上げたときの晴れがましい気持ちを今でも覚えている。土を払い、艶やかな赤紫色のさつま芋を大切に新聞紙で包む。

私は家路が待ち遠しくて仕方がなかった。夕方、芋入りの袋を抱えて玄関に座り込み、母の帰りを待ちわびた。

そのさつま芋は私から家族への、はじめてのおみやげだった。父も母も姉も、収穫の成果をお手柄だと大袈裟なほど喜んでくれたのが嬉しくて、朝から舞い上がった気持ちはまだまだ収まらない。

夕食後、さっそく母がつくってくれた大学芋を囲んで、夜のおやつを食べながら

「お芋掘ってきてくれてありがとう」

と家族みんなが言ってくれた。

芳《かぐわ》しいゴマ、りんご飴みたいにカリカリっと甘い黄金色の蜜。大学芋は母の得意料理でもあったから、よくつくってもらっていた。今でも大学芋を口にすると、遠足の日の風景が重なって、秋の夕暮れどきのように、ほっくりこっくり甘さが広がる。心が和らぐ秋の味だ。

絵本『おおきな おおきな おいも』は、雨が降って楽しみにしていた芋掘り遠足に行くことができなかった子どもたちの想像から話がはじまる。画用紙に大きな芋を、描いて、掘って、運んで、洗って、遊んで、食べて、お腹がふくれ、家に帰るまでの一日が描かれている。ページいっぱい駆け回る子どもたちの中に、あの日の自分の姿を見つけた。

甘く優しいみかんゼリー

家族が集まるリビングに炬燵《こたつ》を出し終え、クリスマスプレゼントのお願いの手紙をサンタさんに宛てしたためる初冬の頃、我が家の階段の踊り場を小ぶりの段ボールが占拠しはじめる。その中身はみかんだ。

私の故郷・静岡は、和歌山や愛媛に次いでみかんの生産量が多い土地。母が農家から箱ごと買ってくることもあれば、お歳暮としていただくこともある。

師走の板張りの階段は、一日中ひんやり冷たい。みかんを保管しておくには最高の環境だったが、いつの間にか家族の中でみかん係に任命されていた寒がりの私にとっては、ちょっとだけ尻込みする場所であった。

さっき補充したはずのみかんが、気がつけばもう空になっていたりする。そのたびまた、ぬっくり暖房のきいた部屋から離れなければならない。冷気が漂う階段を駆け上がり、箱に手を入れる。触感だけで甘く熟しているのを選び出し、カゴにオレンジの山をつくるのも、家族中で一番私が上手だった。

大学卒業後、二年の間、京都で暮らした。その間、散歩や食についてつれづれに綴った池波正太郎さんの随筆を夢中で読んだ。いつか私もこんなふうに町を歩き、そこで出合ったおいしいものや人や風景を、言葉で描けるようになれたらと憧れていた。

池波正太郎さんはよく京都の話を書き記している。『食卓の情景』『散歩のとき何か食べたくなって』『むかしの味』のいずれにも登場するのが、寺町通りの老舗洋菓子店、村上開新堂の好事福盧《こうずぶくろ》。村上開新堂は明治創業の洋菓子店で、ロシアケーキなど気品に満ちた焼菓子で知られている。

和歌山産のみかんをくり抜き、絞りたての果汁、ゼラチンやリキュールを加え、ゼリー状に固めた生菓子だ。全て手作業でつくられる好事福盧は、十一月から三月までの寒い時節しか並ばない。

優しく繊細な喉越しで、馥郁《ふくいく》としてまろやかな甘さの中、かすかな酸味が清々しい余韻となって舌に残る。スプーンひとすくいごと、我が家の冬のおやつの定番が鮮やかな橙色のみかんだったことを、寒い板張りの階段とともに思い出す。

詩が添えられたロマンチックな甘い粒

小学生の頃、愛読していた少女漫画があった。主人公は自分と同じ歳ながらアイドルとして活躍していた。しかし歌番組への出演時、緊張してクシャミが止まらない。見かねた祖母は銀色の砂糖粒を、上手に歌うことができる薬だと孫に渡し、彼女は無事に出番を終える。

当時、なにより羨ましく思えたのが、その銀色の甘い粒だった。苦手な勉強やピアノのレッスンに取り組まねばならないとき、へいちゃらだと自分に暗示をかけるべく、角砂糖を代用して口に含んだ。効果といえば、まずまずのところ。十分間くらいはひたむきになれていただろう。

長崎堂のクリスタルボンボンをはじめて目に、そして口にした瞬間、少女時代にあんなにも憧れた甘い粒に、とうとう出合えたような気がして胸が高鳴った。

純長崎式のカステーラを大阪で広めたことで知られる長崎堂。クリスタルボンボンは、その心斎橋本店だけで求めることができる甘味だ。

金色に縁取られた楕円の箱を開けると、中には淡い彩りの三色の粒たち。雪のように白い粒はコアントロー。オレンジの香りでまろやかな味わい。涙のような水色の粒はアニゼット。薬草からつくられ、清々しい風味だ。恋心のようなピンクの粒はマラスキーノで、桜桃《おうとう》の芳香を放つ。カリッ。砂糖の膜が繊細な音をたてて崩れると同時に、中からとろんとリキュールが溢れ、ほんの少し陶酔が脳裏をかすめる。そしてすぐ、そのうっとりとした感覚が洋酒のためだけでないことに気づくのだ。

シャーロットは　見ている　ひかりのように　水のように　スノードロップ

四センチ四方の小さな原稿用紙に収められた、たった五行の詩。すでに天へ召された、俳人で画家の冬野虹《ふゆのにじ》さんの言葉であると、あとから知った。

大人になった今も落胆は絶えず訪れるけれど、この甘美な粒と詩が、涙もため息も、甘い余韻に変えてくれる。

特別な日の小さなウェディングケーキ

お絵描きでケーキを描くときは、てっぺんにバラの花を載せ、三段重ねで描いていた。お姫様シリーズの塗り絵に登場した華美なものにならって自然とそうしていたのだろうが、三という数字には意味があるらしい。

十八世紀のイギリスで、ビクトリア女王がご成婚された際につくられたシュガーケーキが起源と言われるウェディングケーキ。当時、ケーキは豊かさや幸福の象徴だった。一段目はパーティー客みなで、二段目は参加できなかった方に配り分け合って食べた。三段目は結婚記念日もしくは子どもが生まれるときまで取っておく。元来ウェディングケーキは生菓子でなく、日持ちするものだったのだ。

萩尾望都《はぎおもと》さんの漫画『ケーキケーキケーキ』は、いかにも三段重ねのケーキを想起させるタイトルだが、登場するのはフランス菓子。

少女時代、私は宝箱代わりだったお菓子の缶に、その本を大切にしまいこんでいた。蓋を開けるとメロディーを奏でるオルゴールのように、缶の底や本のページの隙間から、バニラエッセンスやアンゼリカの甘い香りが溢れ出す。

匂いの正体は、一緒に箱に収めていた香りつき消しゴムや香り玉。しかし、物語そのものに甘い香りが沁《し》み込んでいると信じて、箱を開きページをめくるたび、うっとりとした夢心地でいられた。

東京會舘のトラディショナルケーキは、もう日本ではここでしかつくれないと言われる由緒正しいウェディングケーキを家庭サイズにアレンジしたもの。注文を受けてから、半年以上ブランデーに漬け込んだフルーツとナッツでケーキを焼き、保存室で二週間寝かせて熟成させる。すると時間が経つほど食感はしっとり、コクのある風味になる。バラ・スミレ・鳥、繊細な砂糖細工がほどこされた麗《うるわ》しい姿は、大切な記念日に家族や友人たちと幸せを分かち合うのにぴったりだ。

雲を食むような甘い砂糖菓子

夏の空にもくもくと浮かぶ白い雲。家の床に浮遊する飼い猫の毛玉。風に乗って宙に舞うたんぽぽの綿毛。手芸店で山積みされた手芸綿や白い毛糸。パーマをかけたロマンスグレーのおばあちゃんの髪。スポンジでよく泡立てた石鹸やシャンプー。白くてふんわりしたものを見ると、甘い味が想起されるのは、子どもに頃に大好きだった綿菓子の記憶からだ。

先だって近所の商店街でお祭りがあった。浴衣姿の子どもたちがはしゃぎながら通りを急ぐ。まだ小学生に満たないほどの女の子が父親に向かって

「これが食べたい」

と両手をふわふわ動かす光景が目に留まった。父親は彼女の身振りがなにを示すのかわからないらしく、首をかしげる。

私は不意に気がかりになり、親子のあとに続いた。商店街は人の波で、すぐにふ

たりを見失ってしまったが、娘の望みが父へ伝わったかそれ以上に、綿菓子屋の出店があるか心配だった。

ザラメだけでできる綿菓子は、哀愁を誘う昭和の印象が色濃い。今もなお子どもたちのスターであってほしいと願うように、辺りをきょろきょろする。通りを半分進んだところで、店の前にできた人だかりを覗き込むと、あったあった。オレンジの風よけ板に囲われた綿菓子製造機。プロの露店商ではない商店街の方が、ぎこちなく割り箸で円を描いていた。ひとつ百円。私も列に並び、久しぶりに綿菓子を食んだ。

口にいれた瞬間、すっと甘い余韻を残し消えてなくなる儚さ。江國香織さんの短編小説『綿菓子』では、縁日で綿菓子を食べた少女が祖母に「女って、哀しいね」と言う。手元に残った割り箸を見つめながら、綿菓子は女性の心を揺り動かす情緒的なお菓子なのだと思った。

カステラの夢

カステラと聞いただけで、お腹がグーと鳴る。いったい何度読んだかしれない絵本『ぐりとぐら』で、大きな鍋から顔を覗かせるふっくら丸いカステラを、森の動物たちが分け合って食べる場面にどれだけ憧れたことか。

ベッドの中で絵本を読み聞かせしてもらうたび、「おいしそうだね」と母と顔を見合わせた。ほっぺをぷくっと膨らませ、もぐもぐもぐっと口を動かし、黄色の生地を頬張ったつもりになって眠りについた。

昼間、天日に干して太陽の光をたっぷり吸い込んだふかふかの布団に包まれた日は、よくカステラの夢を見た。

生カステラ・カステラまんじゅう・ベビーカステラなど、カステラと名がつくおやつはさまざまあるけれど、室町時代にポルトガルから長崎へ伝わった原型は、卵黄・小麦粉・砂糖を混ぜて釜で焼いたものだった。パウンドケーキのような食感だったろうか。卵の香りがふくよかな菓子は、はじめて口にする人をさぞや驚かせたに違いない。

長崎から次第に各地へ広まっていったのは、まだ乳製品が生産されていなかった日本に適したレシピだったこともあるらしい。水飴を用いることでしっとりとした風味が加わり、食べやすく栄養価も高いため、病中の食事や特別なときにひと切れずつ大事に食べるおやつとして、江戸時代には日本の食文化として定着していた。

ぐりとぐらの物語中に記される材料は、小麦粉・バター・牛乳・砂糖だから、本来の味とは随分違っている。カステラといいながら形も丸くてスポンジケーキに近い。

長崎から持ち帰った昔ながらの製法を守る、松浦軒本舗のカステーラ。岐阜県恵《え》那《な》市で明治十五年から続く和菓子店である。上品な甘さは、地元で採れた新鮮な卵に和三盆糖と水飴の取り合わせの妙。銅板造りの小釜で、こんがりしっとり焼き上げられる。お札ほどの小ぶりな大きさで、幼い日に夢見た一本まるごと食べを叶えたくなる。

小花の飾りの角砂糖

昭和生まれならば分かち合える、小花の飾りの角砂糖の記憶。ピンクのバラ・薄紫のスミレ・黄色いチューリップ。花の種類や色はさまざまあり、そのどれもが繊細で可憐《かれん》。近所の商店やスーパーで売られていたかもしれないけれど、わざわざ母が買っているのを見たことはない。それはなぜか、結婚式の引出物や、町内運動会の景品といった贈りものの定番だった。折り紙ほどの平たい箱を開けると、中にはきゅっと行儀よく、花の飾りがついた四角い粒が並ぶ。

毎朝コーヒー牛乳を飲むのに華美な砂糖を使いたかったが、母は首を横に振るばかり。毎週土曜日、私と姉が自宅でのピアノのレッスンを終えたあと、先生に出す紅茶のティーカップに添えるのを、母は楽しみにしているようだった。

それでも日曜日のおやつの時間、家族揃ってケーキを食べたり、祖父母が遊びにきたときは、私たち姉妹も客人用のティーカップでお茶を飲み、よそ行きの角砂糖を溶かすのを快く許された。銀のスプーンをくるくる回すと、みるみる消えてなくなる甘美な粒。味わう紅茶はうっとりするほどのおいしさで、花の香気さえ放たれたような夢心地でいられた。

かくざとう　いっこ　ゾウさんがたべました
ちいさな　ちいさな　かくざとう　いっこ　アリさんがたべました

テレビの子ども番組で、進行役のお兄さんとお姉さんが「かくざとういっこ」という歌を歌うのを偶然耳にし、さわさわ心に懐かしい風が吹いた。大きなゾウはあのときの母で、小さなアリはあのときの自分。

特別な幸せをもたらしてくれた、小花の飾りのひと粒の角砂糖。再び手にしたいと近所のスーパーを数軒巡ってみたが、白い角砂糖はあっても、花飾りがついたものが見つからない。あちこち探し回って、やっと記憶の中の角砂糖と再会した。水引がついた桐箱入りで、ちょこんと載った淡い桃色の花は職人の手仕事。結婚したての友人への贈りものに決めた。「甘い時間をどうぞ」と言葉を添えて渡すのだ。

虹色のラムネ

透き通った瓶の中には、ほのかに色づく六色のラムネ。アップル・オレンジ・グレープ・ハワイアンブルー・メロン・レモン。色だけでなく味も全て違う。ベニバナ・クチナシ・赤キャベツ、花や野菜から抽出した、体に負担のない天然色素を使っているから、時が経つにつれ次第に色が薄れゆく。その様が、雨上がりの青い空にひとときくるんと優しく弧を描く色とりどりの儚い虹を思わせることから、虹色ラムネと呼ばれるようになった。

生まれは大分県日田市。九州の小京都と呼ばれ、昔ながらの商家や蔵屋敷や土壁が残る町。明治三十二年より、醤油・味噌・魚醤《ぎょしょう》を製造するまるはらは、趣《おもむき》ある白壁の端麗な構えだ。歴史ある町随一の老舗で、創業時よりつくり続けるラムネは、全国で唯一、製造工程を見学できる。屋形船と鵜飼いが名物の日田温泉に滞在がてら、いつかロマンチックな飲みものの故郷を訪ねてみたい。

よく晴れた夏の日、瓶の口を塞ぐビー玉がカラコロたてる音を楽しみながら味わうのも風情があるけれど、六色全てを白い紙コップに注いで並べれば、サイダーそれぞれの美しい色がさらに際立つ。

〈クラムボンはわらったよ。〉のはじまりで知られ、蟹の子どもが主人公の宮沢賢治の童話「やまなし」には、ラムネの瓶のように透き通った十二月の冷たい水の中に、月の光が広がる光景が記される。ラムネは瓶も中身も、遠い天と繋がっているような神秘的な佇まい。もしも虹をすくうことができたなら、きっとこの虹色ラムネの通りに違いない。ぱしゃぱしゃ弾ける泡の粒は、光の粒子だ。

縁側で絵画の宿題を仕上げるうち、いつの間にか姉とふたり、水に絵の具を溶いて色水をつくり遊んでいた、幼い日の夏休み。あのときも、いくつものコップを並べて、水の中に虹を描いていた。

おいしいとこいしい

それまで自分は、おいしいものを食べるのが好きとばかり思っていた。ところがあるとき、ふと気がついた。私が好きなのは、おいしく食べることだと。たとえ呼び声が高い名店でも、緊張しながらだと料理の味がぼやけてしまう。ところが好きな人と、なにげない景色の中で寛いで口に運ぶものは、くっきりと忘れがたい味わいを残す。

屋久島の惣菜店で見つけたおかずパックをひざに載せ、浜辺で頬張るおにぎり。小さな子どもと初詣の帰り道、白い息を吐きながら仲良く分け合う数十円の駄菓子。これまでに味わったおいしい記憶が駆け巡るとき、ともに過ごした慕わしい人の顔や、「おいしいね」としみじみ交わした声が浮かぶ。

どこで、どんなふうに、誰と食べたか。そのとき見えた風景こそ、おいしい記憶をさらに深める。ときにひとりで佳味に出合い、辺りを気にして声にならない感嘆が込み上げるときも恋しい人を思い出す。家族であったり友人であったり、家で待つ寝てばかりの猫さえも、「あの人が隣にいたらよかったのに」と、その場ごと切り取り持ち帰りたくなる。

〈おいしいとこいしいは似ている。〉

大島弓子さんの漫画『バナナブレッドのプディング』には、食べることの輿や妙が潜んでいる。食べることは生きること。生きることは誰かを思い、恋しさを知ること。塩や砂糖や出汁やどんな高級食材も、恋しさにはかなわない。

ところで私は、バナナブレッドのプディングを未だ食したことがない。

「パンをこまかくきって型に入れ、パンと同量のミルク・玉子・お砂糖・エッセンスを加えて、バナナのうすぎりをのせて……」

画中の台詞にならって試みたいと思いつつ、代わりに近所の沖縄食材店まで、バナナケーキを買いに出る。

まろやかなバナナの甘みはいつだって、恋しい気持ちが呼び起こされる。

はじめてのおいしい贈りもの

二十三歳、京都で迎えたはじめての夏。慣れない土地での過酷な暑さに夏バテし、家でぐったり横たわっていたとき、電話が鳴った。

「上七軒《かみひちけん》の和菓子屋・老松《おいまつ》と申します」

上七軒とは京都に五つある花街《はなまち》のひとつで、老松は明治時代からの歴史ある老舗の和菓子屋だ。

「S様からお菓子を承っております。これからしばらくご在宅でしょうか。十二時頃にお届けしたいのですが」

静岡に暮らす両親や祖母から宅配便で食料が届くことはよくあったけれど、店から直接電話がかかってくるようなことはこれまで一度もなかった。そのため、私はまだ状況をよく理解できないでいた。

「ああ、はい。その時間は家にいます」

ぼうっとした頭のままそう答えて電話を切り、さらにぼんやりと時間をやり過ごしていた。部屋に呼び鈴が響いたのは、先ほどの電話で告げられた時刻きっかり。玄関を開けると、白衣を着た男性が小さな真四角の包みを抱え、真っ直ぐな姿勢で立っていた。

「S様からお菓子を承りお持ちいたしました。涼菓ですので冷蔵ください」

このまま私はこのお菓子をただ受け取っていいのかさえわからず、男性の言葉を自分の口で再び繰り返した。そして、私にとって不明確な疑問を素直に問うていた。

「これはSさんからの贈りもので、私はこのまま代金をお支払いせずに受け取ってもよいのでしょうか」

不安げな顔つきの私に、男性はにっこり

「はい、お代はS様よりすでに頂戴しております。夏みかんの寒天菓子でございますので、お召し上がりください」

途端にもの知らずな自分を恥ずかしく思い、物腰柔らかく上品なその男性に申し訳ないことをしたと、包みを受け取りながら

「失礼しました」

と謝っていた。私はてっきり訪問販売ではと疑ってしまい、男性もはたと途中で私の警戒心に気がついたようだった。ようやく事態を飲み込み、私の誤解が解けたとき、男性はほっと安堵の表情を浮かべた。最後は玄関の先まで出て
「ありがとうございました」

と声を張り上げ、頭を下げながらマンションをあとにする男性を見送った。

それは、そのとき仕事をともにしていた先輩からの暑気払いの贈りものだった。体調を崩してしまった私へのお見舞いでもあったと伺ったのは後日のこと。

リボンと和紙の包みをほどき箱を開けると、中には丸々として鮮やかな橙色をした甘夏がひとつ。果実をくり抜き、果汁と寒天を合わせ、再び皮の中に注ぎ固めた夏柑糖《なつかんとう》という名のお菓子だった。

ひとりで食べるのはもったいない。だらりとした時間にけじめをつけるように身支度を整え、知人のところへ持っていって一緒に味わった。切り分けると甘酸っぱい匂いが部屋に満ち、口に含むとつるんと軽やかに喉をすべる。ほのかな苦味に、受け取る際の未熟な自分の失敗を重ね合わせながらも「おいしい！」とふたりして感嘆の声を上げていた。忘れがたいはじめてのおいしいいただきものの記憶だ。

お裾分けだって立派な贈りもの

クリスマスが近づくと、祖父が買ってくれたお菓子入りの長靴を思い出す。表面には赤いベルベット風の生地が貼られ、口にはモコモコ白い綿がついていた。少し長めのリボンの持ち手だったので、母が持つハンドバッグのように肩から下げて、家の中を飛び跳ねて回った。

チョコレート・ビスケット・ペロペロキャンディー、小さなお菓子が詰め込まれた中から、今度はどれを食べようか、迷いながらも幸福感でいっぱいだった。いろいろな種類を少しずつ味わうことができ、全部食べ終わったあとも手元には、かすかに甘い香りが移った長靴が残る。お菓子そのものも嬉しかったけれど、愛らしいお菓子の容器にも同じくらい心を踊らせた。

旅先で買ってきた幾種類かのお菓子を少しずつ詰め合わせて、たとえば京都の旅のあとならば「京のかけらセット」などと名づけ、会う人会う人に配ることがある。

思い起こせばそれはやはり、幼い頃のあのクリスマスの長靴の記憶に端を発しているのではないだろうか。欲張りな食いしん坊は、ちょっとずつ、いろいろと楽しみたいのだ。みんな満面の笑みを浮かべて受け取ってくれるので、旅のあとは必ず、せっせとお菓子の詰め合わせをつくるようになった。

お菓子の詰め合わせの妙味は、ラッピングが肝心である。その都度、手を替え素材を替えて、工作のごとく包んだり結んだりする。みんな同じ形で揃えることもあれば、全てを違ったふうに仕上げることもある。人形を着せ替えているような心持ちになり、ついつい童心に返り夢中になってしまう。

海外のお菓子ならば、現地から持ち帰った新聞紙やチラシなどを活用するだけで、十分な見栄えになる。いくつかのお菓子をひとまとめに置き、新聞紙の四隅をきゅっとひとまとめにして、ぐるぐると大胆に麻紐やリボンで結ぶ。

崩れやすいお菓子だったら、ボウルの紙皿に詰め、それごと紙で包めば保護もできて安心だ。そして、ぴっちりズレなく几帳面な包装より、適度におおざっぱに包んだ方がいい味が出るのは不思議なものだ。

愛らしい空き箱や缶は、お菓子の詰め合わせに利用できるから、必ず取っておくようにしている。ふんわり綺麗な色の薄紙を敷いた上にお菓子を載せ、さらに薄紙で封をしたあと、箱や缶の蓋の上から紙をかければ出来上がり。言葉で説明すると少し面倒そうだが、手を動かしてみるととても簡単で、渡して楽しく、もらって嬉しい詰め合わせの醍醐味が感じられると思う。

食べきることが難しそうなものや、多くいただきものをしたときのお裾分けにもラッピングは役に立つ。たとえば果物ひとつでも、ただリボンをかけるだけ、一部をくるりと色紙で覆うだけで、たちまち贈りものに早変わりする。

食べきれないからだなんて申し訳なさそうに肩をすくめず、ぜひ召し上がってくださいと、堂々と自信を持って差し出すためにも、ちょっとしたおめかしを忘れないようにしたい。お裾分けだって、立派な贈りものである。

真剣勝負の贈りもの選び

「買いっぷりがいいね」

はじめてともに旅をした友人から、よくこう驚かれる。確かに私は、迷うことをあまりしない。自分の好みや好奇心の向かう先がくっきりとわかっているので、ものを見た瞬間に買うか買わないか、白黒はっきりする。それが旅先ではことさらだ。

きっといつでも買えるだろうからとあと回しにしたものと二度と合うことができず、後悔した経験が何度も続いた。それ以来、気に入ったものは一期一会と信じ、ぱっと手に取るようになった。

しかも、量においても私はなかなか大胆らしく、両手にどっさり小袋を抱えレジまで運んでいると目を丸くされる。

けれども、私がそんなふうに大胆になれるのも、それなりの理由がある。普段からいわゆる高級品には興味がなく、値頃でありながら、存在感や愛らしさや質のよさにおいて確かなものを好んでいる。

まとまった数を求めるものは、ひとつ数百円のお菓子や食材がほとんど。大きなものや高価なものを自分用にひとつ買うより、気に入ったものを身近な人たちと分け合った方がずっと楽しいし、それくらいの範疇《はんちゅう》ならば受け取る側も気兼ねせずに済む。

具体的な数字で言えば、一個三百円のものなら八個くらいまで迷いなく購入する。カバンの中に入れて持ち歩き、友人や仕事で出会う方に気軽に渡す。五百円〜千円になると、もう少しよく考える。渡したい相手の顔を思い浮かべ、その分だけ求める。それ以上の価格になると、お礼やお祝いなどを兼ねた贈りものにしようなど、何気ないおみやげとは違った特別な意味や理由が伴いはじめる。

年に一度、小学生の姪《めい》と旅をしている。旅行したり出かけたとき、おみやげを交換し合う友達が五人いるそうだが、彼女のおみやげの予算も私と同じ一個三百円までだった。いつも同じものを五個選んでいるが、小学生にとって千五百円はかなり大きな出費に違いない。一個三百円の予算に大人のような気軽さはなく、みんなが喜んでくれるものをとじっくり吟味する姿がなんとも健気だ。

なにか見返りがほしくて贈りものを届けるわけでは決してない。だからといって、ただ一方的に自分の気持ちや好みを満たすものであってもいけない。相手のこと、目的や状況をよく考慮して、負担にならない金額を算出するところから贈りもの選びははじまる。ときに背伸びすることも必要だけれど、それは土台が築かれてからの話である。まずなにより、自分の基準をしっかりと持つことが大切だ。

真剣勝負で贈りものを選ぶ彼女の姿から、私はたくさんのことを教わった。

できたてを届けたくて

祖母が趣味で耕していた畑は、家と小学校の間にあった。間といっても学校のそばの畑までは歩いて一、二分の距離。住宅地の中、ぽつんと取り残されたような空き地をいつの間にか借りて、不意に畑仕事をはじめた。

夏休み、お昼前に学校のプールから帰る途中、

「これ、持っていって」

と祖母に呼び止められる。私は不格好なキュウリやトマトやトウモロコシを、水着の入ったビニールバッグに押し込んで、駆け足で家まで運んだ。一刻も早く父にそれらの野菜をバトンタッチしたかったからだ。

高校の国語の教師だった私の父は夏休みの間、午前中少しだけ仕事に出て、昼前にはたいてい家にいた。玄関を開けるのと同時に、

「おばあちゃんからトウモロコシもらったよ」

と家中に響く声を出して家族に伝える。

姉と私でトウモロコシの皮をむいてヒゲを取り、それを茹でるのは父の役目。形が悪くて虫食いのあともある祖母の野菜だったけれど、

「なんだって採れたてはおいしいんだ」

と言いながら、茹でただけ、切っただけの野菜を大袈裟なほど豪快に頬張る父の姿が、面白くて大好きだった。

父はほとんど料理をせず、母が夕食の準備にいそしむ傍ら、悠々と晩酌をはじめるのが常。ジュウジュウ、パチパチ。母が揚げたり焼いたりする料理の音や匂いが台所からこぼれてくると、居間で遊ぶ娘たちに父の声がかかる。

「おい、できたてはおいしいぞ。食べよう、食べよう」

採れたてはおいしい。つくりたてはおいしい。父はことあるごと、娘たちにそう言い聞かせていた。思えば私たちを介して、祖母や母に感謝の意を表していたのかもしれない。そうだとしても、それは私にとって父から教えてもらった大切な気持ちのひとつである。

浅草に生まれ、渋谷の大学に通っていた父は、月に一度は静岡から上京し、故郷

での思い出を懐かしむようにあちらこちら歩き回っている。一方、母は都会があまり得意ではないようで、いつも静岡で留守番している。そのため、東京で暮らす私がときどき父につき合い、流行の場所やら下町やらをふたりで歩く。そして、家で父の帰りを待つ母のため、必ずなにかおみやげを持たせる。

あるとき父と神保町をぶらぶら歩いたあと、淡路町の竹むらでひと休みすることにした。ここは揚げまんじゅうが名物の甘味処だ。東京都選定歴史的建造物にも指定される趣をたたえた店の中に一歩入れば、まったりとしたごま油の香りがぷーんと鼻孔をくすぐり、きゅーっとお腹に隙間ができる。ふたりして、さっくり軽い衣が覆うしっとり甘いこし餡《あん》のまんじゅうをぺろりと平らげたあと、これは母にも食べさせたい味だと、折り詰めを追加で注文した。包みを受け取る際、店の方の

「揚げたてがおいしいですよ」

という言葉が、私の耳に懐かしく届いた。

いつもならば夕方から、父とふたり昔ながらの居酒屋で、小一時間ほどお酒を酌み交わしたあと東京駅まで見送るのだが、その日は父の背中を押して、早く家へ帰るよう促した。少しでも早く、揚げたてのまんじゅうを母の元に届けてほしくて。

カバンの片隅で微笑む赤い頬

秋のお菓子を撮影するため、信州・小諸《こもろ》へ出かけた。

初日に訪れた果物園で、赤く色づいたりんごをどっさりいただいた。ごろんと丸い秋の実りをカメラマンと半分ずつ分け合おうと、袋に詰めはじめたところ
「僕はひとり暮らしでそんなに食べきれないけど、ぜひ味わってみたいので」

と一個だけひょいと掴んで、カメラの機材が入ったカバンの片隅にそっとしまった。残りのりんごたちは私の家に宅配便で送られることになったのだが、カバンの中には幼子の頬のようにふくふくと愛らしいりんごがひとつ隠れていることを知っている私は、撮影中ずっと微笑ましい気持ちだった。写真もふんわり甘い蜜の香りを吸い込んで、よりロマンチックに秋の情緒が写し出されているだろう。

三日間の取材旅から戻った夜、なにより最初にしたのは、私よりひと足早く東京へ到着していたりんごたちを大きな鍋でじっくり炊くことだった。松本の蜂蜜屋で

求めた蜂蜜をたっぷり注ぎ、ヘラでかき混ぜながらコトコトと煮込んでいく。トロンとペースト状になり、鍋から馥郁とした香りが漂いはじめたら出来上がり。

私は、信州りんごの手づくりジャムの一瓶を、りんご色の赤い紙で包み、カメラマンへお礼状とともに送った。

手づくりジャムの贈りもののお手本は、子どもの頃によく見ていた母の姿だ。いちごやりんごやブルーベリー、おいしい産地で買ってきたものを、そのままではすぐに痛んでしまうからと、母は旅から戻って休む間もなくせっせとジャムにつくり変えていた。

それから数日が過ぎ、今度はカメラマンから、果樹園・お菓子屋・喫茶店・民藝館など、ともに巡った信州旅の写真が届けられた。りんごの香りを浴びて、甘いベールをかけられたような素敵な写真に仕上がり、ほのかに香り立つ楽しい本が出来上がった。この本を開くたび私は、カバンの隅で微笑む、ふくふくとした赤い頬を思い出す。

ここでしか味わえないおいしさ

お菓子や手みやげについて書いているからか、頻繁におすすめの店や食べものの取材をいただく。京都・洋食・ホテル・喫茶店のスイーツ・居酒屋・下町・温泉など、細かく内容を指定されることが多いが、もっと広いテーマで問われることもある。そんなときは、これまで食べたもの全ての中から記憶を掘り起こし、答えを探し出す。

殊に増えているのが、お取り寄せできる食べものについての取材だ。私が、気になったり気に入った味のお取り寄せをはじめた頃は、葉書やファックスで注文していた。代金を現金書留で送る店も少なくなく、食べたいものを自宅まで届けてもらうまでにも、それなりの手間がかかった。

昨今、おすすめのお取り寄せを紹介するにあたり、ある条件を提示されることがある。それは、ポチリとボタンを押せばほしいものがショッピングカートの中に入り、クレジットカードで支払いが完了できるウェブサイトに掲載された商品だけを選ぶこと。電話やファックスはもちろん、メールで受付している店も対象外となるのだ。

私も普段からウェブを通して、お菓子やお酒、その他のおいしいものを取り寄せしていて、ショッピングカートの利便性に大変助けられている。お取り寄せできるお菓子を紹介する本を制作した際にも、ポチリとボタンを押すだけで購入できる手軽さを実感した。

同時に、便利だからこそ気がつくこともあった。その本の制作中、出版社の方に「次の本は、お取り寄せでできないものだけを紹介しましょう」と笑って伝えたことがあるが、それは決して冗談でなかった。再び味わいたいと思う記憶に残る味の中に、お取り寄せできないものが数多ある、私の実体験から出た本心だった。

この先またあの場所で、あの味を食べられるだろうかと、思い出しては一目惚れの相手に恋焦がれるような気持ちを抱くこともある。

お取り寄せができない食べものは、なにも店が不親切なわけでない。形が崩れてしまう、味が落ちてしまう、日持ちのしない素材を使っているなど、送ることができない明確な理由がある。

京都・今西軒は、深く甘い余韻を残し、儚く口の中で消えゆくおはぎが人気の和菓子屋。世界一好きな食べものはおはぎという友人に食べてほしくて、朝九時半の開店時間に合わせて店を訪れた。お昼前には売り切れてしまうこともあるのだ。

こしあん・粒あん・きな粉、三種のおはぎを無事に求めることができた私は、すぐさま友人へメールを送った。

「今日の夕方、京都から東京へ戻るけれど、ちらりと立ち寄っていいですか」

なにが待っているか、内緒にしておいて驚かせたい気持ちもあったけれど、種明かしをした。

「今日しか味わえない日本一のおはぎを持って帰るので、お腹に隙間を空けておいてください」

本当は一緒に頬張りたかったけれど、待ちきれずに自分の分は、東京までの新幹線の中で平らげてしまった。

「おいしい」という声が聞きたい

味わうことはもちろんだけれど、私はお菓子という存在そのものが、好きで好きでたまらない。色と形・名前・誕生秘話・店の歴史・佇まい・包み紙・菓子職人、その全てが愛おしいのだ。

特に和菓子でも洋菓子でも、日本人がつくる日本のお菓子に興味が湧く。それぞれの風土や歴史や行事、和歌や偉人にちなんだものが多く、お菓子を知ることで、その土地について知得することがたくさんある。

物語を内包したお菓子、美しく愛らしいお菓子、そこにおいしさが加わればまさに鬼に金棒、なんと頼もしいことだろう。お酒を飲みながら泣いたり怒ったりする人はいても、お菓子を前に感情的になる人は滅多にいない。泣く子も笑顔に変える力がある。

私は、お菓子の味や素材を軸にした見方ではなくて、見た目や背景に潜む物語や思いという視点を元に、お菓子を紹介する本を書いたり、イベントを催してきた。日本のあちらこちらでつくられる愛らしくておいしいお菓子を、もっと広くたくさんの人に知ってほしい、味わってほしいと願いを込めて。

ときに書籍や雑誌をつくるため、一日に二十から三十品のお菓子を撮影することがある。選者である私は当然、全てのお菓子を必ず一個は味わう。しかし甘いものでお腹を満たすことへの執着は薄いため、残りはいくつかの箱や袋にいろいろな種類を少しずつ詰め合わせ、お菓子のお弁当などといってスタッフに配る。このお菓子きっと好きだろうなと思う友人の顔が浮かんだときには、撮影場所からそのまま送ることもある。

春のお茶会、動物おやつのお茶会など、季節やテーマに合わせたお茶会を定期的に開催している。まとまった人数が揃えば、一度にいろいろな種類のお菓子が少しずつ食べられ、ひとつずつ机の上に並べながら、そのお菓子にまつわる話を聞いてもらうことができる。なによりおいしいものは、ひとりより大勢で味わう方がずっと楽しい。好きやおいしいを、たくさんの人と分かち合いたいのだ。

いつも本日のメニューとして、五、六品を準備するようにしているのだけれど、一度のお茶会で食べきるのは難しい。しかし、あえてその数にするのは、その場で食べきれなかったお菓子を、家族や帰ったあとの自分へのおみやげにしてほしいと願いを込めているからだ。「今日このお菓子について、こんな話を聞いたの」と、その日の出来事を伝えながら、お茶会の時間のかけらを家に帰ってからも味わってほしいのだ。

　私は、自分が「好きだ、愛らしい、おいしい」と思ったものを、他の誰かも同じように感じているとわかることがとても嬉しい。それはお菓子だけではなくて、どんな食べものにも言える。食べることを通じて、人と繋がることができたような気がして、ふわふわとした心地よさを覚える。

　にっこり上機嫌な顔が見たい。「おいしい、おいしい」という声が聞きたい。だから私は、好きな人へ、自分の好きなおいしい贈りものを届けたくなるのだ。

贈りものノート

大阪の大学を卒業したあと、京都・祇園《ぎおん》の料亭で働いた。店が所在するのは、誰もが想像する祇園の風景、凛《りん》とした気配が薫る京町屋の中。

お客様の前ではしなやかに立ち振る舞っていたが、着物姿で貴重な器に盛りつけられた料理を持って急な階段を上り下りしたりと、襖《ふすま》の向こうでの仕事はかなりの重労働だった。そして、礼儀や作法・料理の順番・食材・器・お客様の好みなど、覚えることや気遣うことが数多あった。

しかし、京都の中でもさらに独自の文化が残る祇園で、普通に暮らしていたら経験できないことを、見て聞いて覚えて、お客様をもてなせることは喜ばしく、私は料亭の仕事が大好きだった。

月に幾度か通われる常連さんはもちろん、一生に一度の贅沢をしようと緊張の面持ちでやってくる方もいる。私たちお運びは、できるだけ寛いでとびきりの料理を召し上がっていただけるよう、柔らかく温かい接客をつとめる。そのとき身につけたさまざまは、今の自分の大切な財産になっていて、普段の生活や仕事で役立っていることがいくつもある。

座敷の準備から料理場の片づけや洗濯まで、数ある仕事の中でも私が密かに楽しみにしていたのが、担当したお客様についてノートに書き記すことだった。カウンター以外の部屋数は三部屋のみ。ゆえに一日のうちに配膳を要するのは多くて三組なのだけれど、お客様ごと目的や好みが違うので、同じ日に出す料理や器も三組少しずつ異なっていた。それらを、会食の雰囲気とともに書き記す。

それは次に来店されたときのメニューの参考にするためでもあったが、主に私たちがいろいろなことに気づき、おもてなしの心を養うのにも役立った。ただ一日を終えるより、その日にあったことを意識しながら記録することで、失敗も充実感も経験として身についていく。そのおかげで、今日の私は昨日より少しだけ成長できた。そんなふうに実感できることを喜ばしく思っていた。

私が贈りもののノートをつけはじめたのは、料亭での習慣を思い出したのがきっかけだった。いつ誰になにを贈ったか、それをメモすることで、次に贈りものを選ぶとき、とても役に立つ。そのうえ、嬉しい記憶となって残る。

書き留めているのは、送った相手・日付・購入した店名・品名とごくシンプル。けれどもノートを開くと、どんなものを贈ろうか、あれこれ考えを巡らせたときのわくわくした気持ちや、どうして贈りものが必要だったかその理由、あの人に贈るのならこれだというひらめき、嬉しそうな相手の表情や反応、そのときの気候、部屋の風景までも思い起こされる。そして私がいただいたものも、同じようにノートに記している。

最初は日記代わりだったのが、そのうち貴重な情報源としても活躍をはじめた。「さて、お礼の品はどんなものがいいだろう」と考えあぐねることがあったとき、ノートをぱらぱらめくってみる。そこで目に留まったいつかの誰かへの贈りものや、いつかの誰かからの贈りものが「私はいかが？」と手を挙げ申し出るように、ぴかっと光って見えることがある。「ああ、きみがいたか」と私はほっと安堵して、買いに出かけたり取り寄せの手配をする。年々このノートに助けられることが増えてきた。

わざわざ贈りもののノートを用意しなくても、毎日持ち歩く手帳の片隅に、誰かに差し上げたものや、いただいたものを、その日の出来事としてメモするだけで十分。気持ちを託して贈ることの楽しみや、贈りものをいただいたときの厚意への感謝を体得するきっかけになる。そしていつものノートがきっと、嬉しい記憶が残る場所になるだろう。

りんごジュースはお父さんの贈りもの

私が風邪をひいて学校を休むと、その日は父も仕事を休んだ。

普段は子ども部屋のベッドで眠りにつくのだけれど、病気のときはなぜか、母は客間の床の間の前に布団を敷き、私はそこに寝かされた。

ゆらめくような文字が連なる俳句の掛け軸、派手さのないもの静かな母の生け花、不思議な形の異国の香炉。いつもと違うよそ行きの香りがする布団の重さを感じながら、床の間の上の品々と、布団の傍らにどっしり置かれた座卓で読みものや書きものをして娘に寄り添う父を交互に見上げるうち、いつの間にか眠りについていた。

しばらく夢の中をさまよったのち、目が覚めるとまず父を呼ぶ。

「お父さん」

声をかけると父は台所へと向かい、紙パックのジュースを持って戻る。それから横たわる私の背中を優しく起こし、白く細いストローを差したジュースを紙パックのまま飲ませてくれた。五〇〇ミリリットルのパックが空になると、父は近所のスーパーまで歩いて出かける。なぜだか一度にまとめて求めることをせず、ひとパックだけ提げて帰ってきた。多いときは一日に二度三度、その都度りんごジュースだけを買いに家を出る。私が風邪をひくたび同じことが繰り返された。

　病床で飲むりんごジュースを、〈お父さんの贈りもの〉と呼んでいた。クリスマスに、枕元にプレゼントを届けてくれるサンタクロースと重ね合わせ、幼心にジュースを贈りものとたとえたのだろう。

　お父さんの贈りものは、嬉しい気持ちの象徴だった。熱や咳の苦しさより、父に甘えられるくすぐったさで、気分だけはいつもよりすこぶるいい。風邪で味覚や嗅覚が弱くなり、味や匂いを感じられていなかったかもしれないけれど、スーパーに並ぶなんでもないりんごジュースが、とびきりおいしい記憶として残っている。

　お礼・お祝い・お返し・おみやげ・お裾分け・おもてなし。贈りものにはさまざまな目的があるけれど元はひとつ、気持ちという形だ。人が人を思いながら選んだもの。誰かが自分のために差し出してくれたもの。気持ちがあって、その先に生まれるのが贈りもの。だから私は贈りものが好き。私は、人を思うことが好きなのだ。

たべるたのしみ

チャイ

住んでいる町から東京までは、鈍行列車で三時間ほどかかる。新幹線だと一時間ちょっとで着くのだけれど、たいていは長い休みのどこかで、青春18きっぷを使って日帰り旅行をする。

中学からの親友で、今はそれぞれ別の高校に通っている友達と三人、東京へ行く顔ぶれはいつも一緒。

あの子とあの子が一緒に帰っているのを見たけど、つき合っているのかな。あのドラマの、あの女優が着ていたワンピース、かわいかった。十年後には結婚していると思う？　そのほとんどが他愛もない事柄。それでも、ひとつとして盛り上がらない話題はなく、笑いが絶えない。

そうこうしているうち「間もなく品川に到着します」と車内アナウンスが流れ、山手線に乗り換えて、渋谷か原宿を目指す。

三人同じ雑誌を購読している。そもそも、仲良くなったきっかけがそんな理由だったから、着るものや持ち歩く雑貨の趣味もよく似ていた。

中学生のときも、高校生になってからも、私たちがバイブルのように愛読していた雑誌を買っている同級生はほとんどいなかった。だから中学を卒業してからも、言い表すことが難しくて、なにより大切なかわいいを一緒に感じたり探求していた。時間や感覚や価値観を共有できる存在が、互いに必要だったのだ。

それが今日は、ひとりで東京行きの電車に乗っている。いつもなら、

「ほんと東京まで長いね」

「もう電車飽きた。お尻痛くなってきた」

「お腹空いちゃった。着いたらすぐランチいこ」

などと、三人で不満を言い合いやりながらも楽しく過ごす、あっという間の三時間。その時間をひとりでうまく埋めることできるだろうか。

不安になって文庫本やら問題集やらバッグに忍ばせてきたけれど、少しうとうと眠ったり、いい加減にトンネルの数を数えたり、茶畑や海や雑木林やだんだん数を増す家やビルなど、これまで目を凝らすことのなかった窓の外の風景を眺めていた

らそんなには退屈じゃなくて、とうとう用意した本は開かずじまいだった。

品川で山手線に乗り換えて、原宿で降りる。いつもはホームの渋谷寄りの階段を上り、表参道口の改札を出る。だけど今日は新宿寄りの階段を下りて、竹下口へ向かった。間違えないように、と姉に念を押された通りに。

竹下口の改札は、表参道口よりずっと小さい。まだお昼前だからか人の数もそんなには多くなくて、改札の向こう側、ぼんやり宙を見つめる姉の姿が思ったよりも簡単に視界に入った。昔からそう。姉は私と違って、どんなときもどんな場所でも、きょろきょろとしない人だ。

改札を抜け、

「おねえちゃん」

と声をかけると、姉はやっと私に気づいたようだった。

「ああ」

と、ゆっくり視線を合わせ、それ以上はなにも言わず、のんびりと歩き出す。

姉と並んで歩くのは何年ぶりだろう。

四つ歳の離れた私たち姉妹は、顔も性格も趣味も似ているところはなくて、私か

らすれば姉は、ときに苛立たしいほど呑気《のんき》だった。姉は姉で私のことを
「ほんとに妹らしくないんだから」

と、母に不満を漏らしているのを聞いたことがある。

洋服や学校の道具、おさがりは嫌だと泣くからかな。ひとりっ子が羨ましいと言ったからかな。そのときはそう思ったけれど、きっともっと他の理由があったかもしれない。

そんなことを考えながら、おおらかな姉の歩幅にあわせて人混みを進む。

向かったのは、エントランスの壁一面にフランスやイタリアの映画のポスターが貼られた、小さな映画館。そこでひと月だけ上映されている映画を観るのが、東京まで赴いた目的だった。

それというのも、先学期から秘かに想いを寄せるクラスメイトの男の子が、今度東京へ観に行くと言っていたのがこの映画だったから。休み時間にふと耳に届いた彼の声がきっかけで、「私も観なければ！」と奮い立ってしまった。

だけど、映画館どころかビデオでだってひとりで映画を観たことがない。そんな私が、ひとり東京で映画鑑賞だなんて、心細いに決まっている。本当は東京へ行く

のも、映画を観るのも、ひとりでさらりと成し遂げてみせたかったけれど、一歩を踏み出す勇気がなかった。

あの雑誌で主人公のファッションが特集されていた映画、観たくない？　そんなふうにいつものふたりを誘えば、喜んで乗り出してくれるだろう。だけどなぜだか、嬉々としてさまざまを許し合える友達より先に、東京でひとり暮しをする姉の顔が浮かんだ。

「東京で行きたいところがあるんだけど」

はじめて姉の家に電話をかけた。一緒に行ってほしいところがある、そう言えなかったことを瞬時に後悔しながら、次になんて切り出そうと口ごもっていると、

「それで、いつ頃来るの？」

姉の方から、私の都合を聞いてくれた。

「お茶でも、する？」

ドラマや漫画の台詞の中でしか聞いたことのなかった言葉を、映画館を出てすぐ、現実の世界で姉が発したことに、一瞬戸惑った。けれどもすぐに、

「うん、する」

と、胸の高鳴りを静めるように、小さな声で返事をした。

「ちょっと遠いけど、いい？」

姉はちょっとと言ったけれど、実際のところ、映画館からの道のりはとても長く遠かった。ふたりとも黙ったままの時間が、余計にそう感じさせたのかもしれない。映画でよくわからなかった場面があって、あれはどういう意味なのか姉に尋ねようとしたけれど、切り出すタイミングが掴めなくて、本当にずっと黙ったまま、ただひたすら歩いた。

スタンド式のコーヒーショップ・ベーカリー・雑貨店がひとところに集まったビルの一階。今まで友達と、お腹が空いたり喉がかわいたとき選んでいたのは、チェーンのファーストフード店ばかり。お茶をするために、こんな雰囲気のいい店に入るのは生まれてはじめてだった。

嬉しいのと、どうふるまえばいいのかわからないのとでどきどきしながらも、できる限りすました顔を装いながら、パンやコーヒー、いろいろな匂いが重なり合うその場所の空気をそっと吸い込んだ。

「なに食べる？」

左手でトレーを持ち、右手でトングをカチカチ鳴らす姉に、

「これがいい」

コロンと愛らしい姿のレモンパンを指さすと、姉は危なっかしい手つきでふたつトレーに載せた。それからレジの前に立ち、

「それと、チャイをひとつ」

と飲みものの注文をはじめた。慌てて
「私もチャイ、お願いします」

と、姉の言葉を追いかける。チャイを飲んだこともなく、どんな味がするのかも知らなかったけれど。

コーヒーショップとベーカリー共用のイートインスペース、その隅に悠々と構えるソファー席がちょうど空いたので、ふたりで向かい合って座った。

はじめて口にしたチャイは、母がいれるミルクティーと全然違って、濃厚で柔らかい口当たりだった。シナモンの香りも甘く芳しく、これこそ大人の味ではないかと感心した。スーツ姿のグループ、賑《にぎ》やかな子ども連れ、ひとりで本を読む女の人、

ぎゅっといろんな人がいるこの場所とちょっと似ている。

目の前で、相変わらずぼんやりと、宙を見つめながらレモンパンをかじる姉。姉はときどき、こんなふうに東京でお茶をしているのだろうか。姉妹でも、私とは遠いところで生きる人だと思っていた。

姉に近づきたい。突然、私の中に今まで抱いたことのない感情が湧いた。

「さっきの映画、どうして主人公の女の子の家の冷蔵庫にカラスの足が入っていたか、わかる？」

チャイを飲みながら、思いきって姉に問いかけた。

「そんな場面あった？　覚えてない」

結局それ以上、会話は続かなかったけれど、それでよかった。姉から、なにか答えを聞きたかったのではなく、ただ私が姉に話しかけたかっただけだったから。

はじめてのお茶を経験した次の日、教室で彼に
「あの映画、観たよ」

と声をかけてみた。映画のあとにお茶をして、その店の雰囲気がとてもよかった

ことも話した。

次の週末にお兄さんの家に泊まりに行くついでに映画を観るつもりだということ、私が行った店も知っていて、いつか行ってみたいと思っていること。ぶっきらぼうながらも、彼なりの真摯さで答えてくれたのがとても嬉しかった。

それからしばらく、家でも学校でも、ふわふわとした気持ちが続いた。

友達とはしゃぎながら、買いものをしたりおしゃべりをする。それまでは、それこそが最上級の楽しみだった。あの日、なにもしゃべらず電車に乗ったり、映画を観たり、座ってお茶を飲むだけで、あんなにも満ち足りた気持ちになれることを知った。

今度はあのふたりを誘って映画に行ってみよう。いつかはひとりで映画を観たり、お茶を飲みながらひとり本を読んだりもしてみたい。好きな人とも、いつか一緒に他愛なく趣味の時間を共有できる日が来るだろうか。

あれこれ思いを巡らせる中、私はもう一度、姉とあの店へ行って、向かい合って一緒にチャイを飲みたいと思った。

おいしいものノート

小さなスチール製整理棚の引き出しのひとつにうという印をつけて、食べものの切り抜きや栞《しおり》をしまっていたという向田邦子さん。うは、うまいものを向田さんなりに略した言葉。脚本家・小説家として原稿書きに追われる日々の中、仕事が一段落すると引き出しを開き、気に入った食材を東京まで送ってもらっていたという。

静岡・丸城茶舗のお茶。長野・小布施堂《おぶせどう》の栗きんとん。京都・松屋常盤《まつやときわ》の味噌松風。福岡・万玉《まんぎょく》の鶯宿梅《おうしゅくばい》。向田さんの好物を紹介する雑誌のページを切り取って、自作のおいしいものノートに貼りつけていたことがある。ノートに書いていたのは、食べておいしかったもの、いただいて嬉しかったもの、いつか食べてみたいと憧れるもの。

当時の私は、もの書きとして駆け出したばかりだった。暮らしに余裕がなかった分、せっせとノートにメモしたり、食関連の雑誌や本に付箋で印をつけることで、食べることへの関心や憧れを満たしていた。そうして原稿料が入ると、向田さんが好きだった味を交互に試した。

　向田さんが愛したうまいものを取り寄せて、届いたその荷を解くといつも、すくっと姿勢を正したくなる端正な佇まいが現れた。きゅっと結ばれたリボン。ぴんと張ったゆるみのない包み。蓋を開けると鼻をなでるふくよかな香り。実直さをたたえた深い味わい。その姿は写真でしか見たことがないけれど、選ぶ食べものまで、凛と美しい向田さんを思わせた。

　私がおいしいものの記録をはじめたのは、老舗の味や銘菓に詳しい年上の友人がつくっていた、手描きの絵を添えた食べものリストに感化されてのことだった。あとから聞けば友人も、食への探究心が強い向田さんを手本にしたそうで、自分の根っこは向田さんにあったと、しみじみと感じる。

　向田さんがまいた食いしん坊の種は、今もたくさんの花を咲かせている。

甲斐コーヒー

仕事以外の場に限るけれど、親しくなった人たちに、苗字より名前で呼んでもらえたら嬉しいと伝えてきたのには訳がある。私が生まれ育った静岡で甲斐《かい》という苗字は珍しく、幼い頃からさんざん苗字でからかわれた。家族に何度か、苗字を変えたいと泣きついたことがあって、今思えば申し訳ないことをした。

あるとき宮崎県に住んだことがある知人から、クラスに何人も甲斐さんがいて、ちっとも珍しい苗字ではないと教えられた。甲斐の名が当たり前の土地があるなんて、それまで知らなかった。そこでなら自分の名字を堂々と名乗れるかもしれないと、少しだけ救われたような気持ちになった。

父が生まれた昭和初期、浅草で商売をしていた祖父の故郷が宮崎県延岡市と知ったのはそのすぐあと。私は父方の祖父に会ったことがなく、自分のルーツが宮崎にあるとは思いがけないことだった。

宮崎に親しみを抱きながら、やっとゆっくり旅できたのは今年の一月。行き先は、日向市・延岡市・高千穂町。宮崎市は通過するだけで立ち寄ることができず、近いうちにまたと思っていたところ、日本三大開拓地のひとつに数えられ、畜産業や漁業が盛んな川南町の観光パンフレットを制作する機会を得た。

そしてこの秋、宮崎県を再訪することができた。日中は川南町をたっぷりと取材撮影し、夜は宿のある宮崎市を堪能した。その間、何人もの甲斐さんに会うにつれ、私の昔の悩みが笑い話に変わっていった。

川南町の役場近くにある、カウンターだけの甲斐コーヒーは、店の中ごと濃いコーヒー色に染まったような昔ながらの喫茶店。扉の前には東郷青児《とうごうせいじ》の絵、客席と向かい合わせのカウンター内にはコーヒーの産地を記した手づくりの世界地図が飾られている。

取材の合間に立ち寄り、「私も甲斐です」と自分の名字に愛着をもって寡黙なマスターに話しかけたとき、長年のコンプレックスを手放すことができた。

カウンターの内側には〈あなたのコーヒーカップ預かります〉と書かれた棚があった。何度か通ううち、私のカップもここに並べてもらえるだろうか。

静岡産の茶箱

静岡県の富士市と富士宮市の境目にある岩本山の丘陵《きょうりょう》には、触れるとぽわんと跳ね返りそうなほど清清と蒲鉾《かまぼこ》型に手入れされた茶畑が列をなしている。真正面にはおおらかな富士山、裾野には私が生まれ育った富士宮の町並みが広がる。

帰省してその場所に立つたび、私が最も好きな風景を親しいみなにも見せたいと思う。それが叶わぬ代わりに、地元で摘み取られた富士茶を持ち帰り、おみやげに配ったりお茶をいれてふるまう。

富士山に抱かれる茶畑で、茶摘みをしたのは中学生のときだった。学校の授業で栽培から製茶までの話を聞き、茶箱からさらりとすくい上げた茶葉の蒼い香りをかがせてもらった。

茶箱は大人の男の人でも持ち上げるのがしんどそうなほど大きなものから、私でも持てそうな学生カバンくらいのものまで、いくつかの大きさがあって、容れものの好きという風変わりな嗜好《しこう》のあった私は、倉庫や販売所に積み上げられた木箱ばかり見ていた。

古道具屋で茶箱を見つけた私は、中学生の頃を懐かしく思い、求めて家に帰った。さっそく写真やフィルム類をまとめて、茶箱にしまうことにした。蓋を開けると、内側に隙間なくトタンが貼りつけられている。調べてみると、茶箱は湿気に強く、カビや虫を防ぎ大事なものを長期保存するのに向いているという。

これはあらゆる場面で重宝するぞ。旅先で買い込む乾物や調味料を保管するのに、台所にもうひとつ新しいのがほしい。そう思ったけれど、どこで売られているのかわからず、近所の日本茶専門店で尋ねてみた。

茶箱の専門店が静岡にあると教えてもらい、辿り着いたのが掛川の鈴木製函所だった。明治十年に木箱の製造をはじめ、大正時代から茶箱ひと筋に転向したという。使われているのは静岡産の杉。小さな台所には随分と存在感のある箱だが、地元ならではの道具と過ごせて、私はすこぶる満足している。

毎日蓋を開けるたび、慕わしい富士山と茶畑の景色を思い出す。

思い出の茶缶

お茶どころ静岡で育った私は、母が無類のお茶好きということもあって、子どもの頃から、朝・昼・おやつ・晩の食卓と、お茶が欠かせない存在だった。朝食は父と祖母がごはん食で、母と姉と私はパン食と、二派に分かれていた。それでも、食事の最後には必ず日本茶が出た。洋食でも洋菓子でも、どんな食べものが食卓に並んでも、母は必ず私たち家族にお茶をいれてくれた。

我が家の台所にはドリンクバーと呼ぶ一角があり、いくつもの茶缶が並んでいる。緑茶・ほうじ茶・中国茶・ブレンド茶・紅茶・ハーブティーと、缶の中身はそれぞれ違う。朝昼晩の食後にとどまらず、起床後すぐ・帰宅後・お風呂上がり・就寝前と、家にいる間ポットやカップにお茶が入っていないときがないほど。ひと呼吸おくごと口にするお茶だからこそ、潤沢に揃えたくなる。

缶の形もいろいろとある。あらかじめお茶用に求めたものもあれば、元はお菓子など別のものが入っていた缶を再利用しているものもある。最近もシリアルが入っていたピンク色の缶に、食べ終わったあとティーバッグを詰めた。

茶好きであり、なおかつ缶好きでもある私は、なかなか空き缶を手放せず、一時かなりの数をためこんでいた。ところが空の容器を置いておくのは風水的にどうもよくないらしいと耳にし、思いきって大半を処分することにした。手元に残った筒缶に茶葉を詰めて並べたのが、ドリンクバー誕生のいきさつだ。

さまざまある中でも、京都・開化堂《かいかどう》の茶缶は特別な存在。はじめての著書で京都で過ごした日々を綴る最中、一生ものにしようと求めたものである。

元はぴかっと光沢があったのを毎日なで続け、こっくり飴色になるよう育てている。そうして毎日のお茶の時間に蓋を開けるたび、京都暮らしをしていた頃がよみがえる。ともに過ごした人との会話や、抱いた気持ち、季節や天気まで伴って、懐かしい記憶や感情が心の内に現れる。

ポットの湯気と音

シュンシュン、カタカタ。

ポットが小刻みに揺れる音を聞くうち、むむむと頭がさえてくる。壁にはめ込まれたタイルの模様、コンロやポットのエンブレム、さっきまでぼんやりにじんでいた台所の風景が、くっきりとした形となって見えてくる。

朝一番の習慣は、寝起き姿のまま湯を沸かすこと。沸騰を待つ数分で、昨日との境目がまだ曖昧《あいまい》な心身を、今日という意識に切り替える。熱い湯でお茶をいれ、体を温めてから朝ごはんのしたくに取りかかる。

京都から東京へと転居する直前、イノダコーヒで琺瑯《ほうろう》製のコーヒーポットを求めた。来る日も来る日も朝昼晩と始終火にかけ、くるんと伸びる象の鼻のような注ぎ口のつけ根を痛めてしまって、初代から代替わりし現在は二代目だ。表面に堂々と刻印された獅子《しし》とコーヒー豆のマークは、イノダコーヒの暖簾《のれん》と同じ。京都の老舗らしい風格がある。裏返した底に隠れるキリンのスタンプは、野田琺瑯の業務用・キリンコーヒーポットのマークだ。

寒い土地を旅すると、昔ながらの商店や民家で、ストーブの上に蓋を外したやかんを置き、常に湯が沸いた状態を保つ光景を目にする。すぐにお茶をいれられる利便性もあるが、同時に乾いた冬の部屋を潤す大切な役割も果たしている。

こもりきりで机に向かう冬の自分の仕事部屋にも、石油ストーブがあれば湯沸かしと加湿が同時にできると思い、導入を検討したこともあったが、東京の狭い室内での扱いは難しい。やはり加湿器を買うべきかと踏み出しかけたちょうどそのとき、ステンレス製の電熱器に出合った。電源スイッチがなく直接コンセントに取りつける簡素なつくりで、空焚きの注意を要するけれど、仕事机に載る大きさだから常に気にかけていられる。

それからというもの、イノダコーヒのポットがたてるシュンシュンカタカタという音が、冬の我が家のバックグラウンドミュージックになった。

日曜日のパンケーキ

日曜日の朝の定番と言えば、ホットケーキが常だった。平日は慌ただしく済ませる朝食も、休日はゆったり時間をかける。母が混ぜた生地をボウルからすくい、ホットプレートに大小の水玉をつくって焼くのは私と姉の役目。

大きいのはお父さん、中くらいはお母さん、小さめはお姉ちゃんでもっと小さいのは私。歳の順に大きさを変え、自分用にはビー玉くらいの小さな丸い粒をせっせとこしらえる。小粒のホットケーキは、大きなものよりカリカリと香ばしい。それを味わえるのは、家族中で一番歳下である自分の特権のようで嬉しかった。

海外ではフライパンで焼くケーキ全般をパンケーキと称し、ホットケーキという呼び方は日本ならではのものだ。昭和三〇年代頃から甘い生地のホットケーキミックスが普及したことで、お菓子として食べるのがホットケーキ、食事として食べるのがパンケーキという感覚が根づいたようだ。

いろいろ試した中で、朝食用のパンケーキをつくるのにぴったりだったのが、鎌倉のデリカテッセン・ロングトラックフーズのパンケーキミックス。もっちり仕上がるうえ塩気があって食事向きだ。外で食べるにはふかふかの厚いものや、フルーツが載ったデザート寄りのものが好ましいが、家では薄めに焼いて、チーズや目玉焼きと合わせて食べることが多い。

日曜日の朝、フライパンでパンケーキをつくりながら、記憶の中のまぶしい光景を思い出す。あの頃の父や母と同年代になった私、父のためにつくっていたのと同じほど、大きく丸く焼いて仕上げた。

おいしい予感

静岡を味わう

あるとき、その頃暮らしていた京都から実家のある富士宮に帰ると、町中に〈富士宮やきそば〉ののぼり旗がたち、なにごとかと驚いた。家族曰く、この地域ならではの独特の食感の焼きそばで町おこしがおこなわれているという。

それまで当たり前すぎて特別に意識したことはなかったけれど、言われてみれば確かに、私が子どもの頃から食べていた焼きそばは、よそで味わうそれと違う。硬く弾力がある麺に、肉かすと呼ばれる油かすを加えて炒め、サバやイワシの削り粉をかけて食べる。

昔は、富士宮やきそばが話題となった今よりもっと、大きな鉄板を備えた駄菓子屋が市内のあちらこちらにあって、子どもたちの憩いの場だった。

学校が午前中で終わる土曜日の昼食は、近所の鉄板焼き屋でなら子ども同士で食事をしてもいいと、親たちも応じる。そこでは小麦粉生地にキャベツを入れた洋食、と呼ぶお好み焼きや焼きそばを注文し、幼なじみや姉妹で分け合って食べた。当時は一食二百円ほど。子どものお小遣いでもおやつ代わりに口にできる値段だった。

富士宮に焼きそばが根づいたのは戦前らしい。製糸工場で働く女工たちに安価で食べられるお好み焼きが好まれ、戦後になると中国大陸から引き上げた人たちにより中華料理を真似た焼きそばが広まった。また、富士宮に隣接する山梨県から多くの人が物資の買い出しに来ていたが、保冷技術に乏しかったため、麺が痛まぬように硬い麺がつくられるようになったそうだ。

食の力は大きい。ご当地グルメの祭典で二年連続、富士宮やきそばがグランプリを受賞したのち、出身地として富士宮の名を出すと「ああ、焼きそばで有名な」と話題にあがるようになった。

全国的にも、テレビや雑誌でご当地グルメやB級グルメの特集が組まれ、静岡県では他に静岡おでんや浜松餃子も脚光を浴びるようになった。少し前まで静岡の名物と言えば、お茶・みかん・うなぎ・安倍川餅だったが、より地域性の濃いものがおみやげにも喜ばれるようになった。

ちょうど京都のアルバイト先に同郷の仲間がいたので、ともに静岡にしかないものを列挙し、帰省時には示し合わせておみやげに持ち帰った。

静岡県東部生まれの私がバイト先に届けて喜ばれた静岡ならではの食べものは、生の落花生を塩ゆでした、枝豆に近い食感のゆで落花生。長さ三十四センチのパンにミルククリームをサンドし、パッケージにキリンの絵をあしらった菓子パン・のっぽパン。大きなもので九十センチと長く、表面に砂糖蜜を塗った麩《ふ》菓子・さくら棒。西部生まれの仲間がおみやげに選んだのは、小麦粉・砂糖・卵でつくるボーロ菓子・8の字。御前崎《おまえざき》銘菓で、亀の形をした亀まんじゅう。ナッツやドライフルーツを練り込んだ生地にコーンフレークをまぶして焼いたあげ潮。

どれもまだ、県外では知られていない静岡の食べものだったこともあり、すこぶる好評だった。

東京に暮らしはじめてからも、ささやかながら静岡の食文化普及活動を地道に続け、友人や仕事仲間に差し出している。

三河屋のはんぺんフライ

味の嗜好は変わる。経験がそうさせるのか、お酒を嗜《たしな》むようになったからか。子どもの頃に苦手だったもののほとんどが、時を経て好物へと転向した。

その最たるが、黒はんぺん。焼いても煮てもそのままでも味わえるが、我が家では月に一度は食卓に、千切りキャベツを添えたフライが出た。大人たちはウスターソースを回しかけ、しかめ面の娘のことなどおかまいなしにほくほく頬張る。だいたいひとりに三枚は割り当てられるが、私は鼻をつまんで一枚食べ、残りは父の皿に移し入れた。

黒はんぺんは静岡の郷土食で、他地域ではほとんど知られていない。サバやイワシなどの青魚の魚肉を骨ごとすりつぶしてつくるから、ざりざりとした口当たりで魚の風味も強い。今は旨味と感じることこそ、昔は苦手の理由だった。

静岡の酒場の品書きには、たいてい黒はんぺんのフライがある。ここでは白より黒が主流だから、わざわざ黒とつけず、はんぺんフライと表記される。数年前に地元案内の本をつくるため頻繁に静岡へ通い出したとき、ほぼ毎晩はんぺんを食べた。牛すじで出汁を取り、種を串に刺した静岡おでんもはんぺんは不可欠だ。フライができるのを待つ間、おでんを食べる。生姜醬油で生でもいけるし、はんぺんとお酒があれば、静岡の夜は満たされる。

静岡市へ行くと決まれば、すぐ三河屋へ電話をかけて席を取る。通称・おでん横丁と呼ばれる青葉横丁で赤提灯を掲げるその店の創業は昭和二十三年。当時は青葉通りに七十軒近いおでん屋台がひしめいていたというが、三河屋もリアカーからはじまった。

小さなカウンターに仲良く立つのは、おっとり優しい静岡言葉の大将と奥様。調理台に横一列に並ぶ、おでん鍋・油鍋・焼きもの用の炭火で、煮たり揚げたり焼いたりと、飛び交う注文ごと、舞台さながらにふたりで手際よくさばく。カウンターを取り巻く十二席の客人たちは、焼酎の緑茶割り・静岡割りや静岡の地酒・萩錦《はぎにしき》などを片手に、舌や耳や肌で静岡を味わう。

三河屋のはんぺんフライは串刺しだから一本二本と、串の数で注文する。カラッと揚がると大将から「ソースはどうする？」と声がかかるが、たっぷりづけはドボンと創業以来注ぎ足しのソースに浸し、ちょっとづけはさらりと片面をソースでなでる。私はいつものちょっとソースをつけたはんぺんフライを手に、大人でよかった、静岡に生まれてよかったと思うのだった。

庭バーベキュー

長袖のカーディガンを羽織ることなく、一日中半袖で過ごせる季節になると、家族の中で最年少の私は、ふわふわと気持ちが浮き立つ。

「お母さん、今度の休みに庭バーベキューしようよ」

目覚めてすぐ、台所に立つ母の元に駆けていき、頷《うなず》いてもらえるまでエプロンを引っ張った。

休日に車で出かける先はいつも父と母が決めていたが、誕生日やクリスマスなど、家の中で催すイベントごとは、末っ子の私が幹事役を引き受けた。誕生日やクリスマスにはプログラムを組み、出しものや飾りつけを考えた。

母の手料理やデザートのリクエストも、肝心な一仕事。毎年決まった日にやってくる年中行事と同じくらい、なんでもない日の家族の集いも、子どもながら大事に思っていたから、手軽にみんなで特別な気分を味わえることを、常に父や母に提案していた。

庭バーベキューは、初夏から秋にかけての我が家の定番で、私の思いつきの中でも家族から賛同を得やすい催しだった。庭に大きなゴザを敷き、ちゃぶ台の上にホットプレートを置く。電源は延長コードを使って家の中から取るので、火をおこす必要もない。カゴ盛りの野菜や肉を、ホットプレートで焼いて味わうだけ。私の実家は静岡県富士宮市で、当時はまだ焼きそばの町などと言われてはいなかったけれど、バーベキューの最後は必ず焼きそばで締めた。

食材を切って盛るのは母。肉番は父で、野菜番は子どもたち。祖母は上手に庭を飛び交う虫を追い払う。それぞれの役目がいつの間にか決まっていて、庭バーベキューは家族団欒《だんらん》以上に、楽しい共同作業のようでもあった。ただ素材を焼くだけだから、母の味とは言えないけれど、子どもの頃の楽しかったごはんの思い出と言えば、夏から秋にかけての庭の景色が浮かんでくる。

昔のアルバムを開くと、毎年のように庭バーベキューの写真があって、枚数を重ねるごと私も姉も、写真に写る姿が慎ましやかに変化している。庭バーベキューの最後の記憶は、小学六年生の誕生日。当時の私は生クリームが苦手で、母は毎年、秋分の日生まれの私のためにおはぎをつくってくれた。日が傾き肌寒くなってくると家の中に移動して、ケーキの代わりにいつものバ、ー、ス、デ、ーおはぎをみなで頬張った。

小さな私は、日々をより楽しく変化させて、些細《ささい》なことにも胸の高鳴りを感じたかったのだろう。毎日繰り返す家族の食卓に少しでも違った風を吹き込みたがる私の気質は、祖父母譲りのものらしい。他の家族はいつもの食卓、いつもの献立を好む中、私と祖父母は流行りや創作を取り入れたがった。

性格や嗜好が異なりながら、同じものを味わい同じ記憶を共有する家族との日々。家族はみな、庭バーベキューをどんなふうに覚えているだろう。

甘いアイドル

お菓子は私のアイドルだ。

まだ見ぬものに出合いたい。出合えたお菓子を深く愛でたい。既知のものでももっと知りたい。お菓子が秘めたる幾多の物語を伝えたい。こんなふうに、目覚めてから眠りにつくまで、ときどきは夢の中ででも、気がつけばお菓子のことばかり考えている。

お菓子は、恋したときのように切なさで胸がきゅっと締めつけられることもなく、甘やかに穏やかに心を満たしてくれるところがいい。毎日一度はなにかしら味わうけれど、お菓子という存在そのものが愛おしい私は、甘いものを食べることへの執着は薄く、お菓子で満腹感を得たいと思う欲望は皆無だ。

和菓子にも洋菓子にも、ひとつひとつ異なる顔や表情、佇まいがある。目の前に好みのタイプが現れると、高揚から頬が紅潮し、ときに我を忘れる。写真を撮ったり、さまざまな角度から眺めたり、家にあるどのお皿と相性がいいか組み合わせを試したり、お菓子と過ごす時間に没頭してしまう。

どこの店のどんな人が、いつ、なにをきっかけにつくりはじめたのか。名前にはどんな思いが込められているか。当然ながらお菓子のルーツも知りたくなる。

包み紙や手提げ、箱や袋は、人にとってのファッション同様である。もちろん見た目が全てではないけれど、どんな絵柄が描かれているのか、意匠を手がけたのは誰だろうと気になるし、ロゴマークもしっかりと目に焼きつけたい。パッケージに特別な加工がほどこされていたり、丁寧にリボンが結ばれていたりすると、「まあ、なんてオシャレさんなの！」と、感嘆の声が静かにこぼれる。

近年は引き算のデザインのパッケージが新たな主流で、余白を活かした簡素で品のある包みや箱も随分と増えた。そうしたお菓子は、口にすると素材の味がより際立ち、記憶にくっきりお菓子の輪郭が浮かんで残る。広くお菓子を知れば知るほど、華美なだけが甘さの象徴ではないと、しみじみ気づかされるのだった。

小学生の頃は、きらびやかな衣装をまとい、ピンク色の声援を浴びながら、テレビの中で歌って踊るアイドル歌手に夢中だった。歌謡曲や歌番組そのものも好きだったから、流れるどの歌も熱心に耳を傾けていたけれど、特別な思いを抱く相手は限られる。当時の私は、歌や演技がうまいことより、その人だけが放つ独特の光や健気さに惹かれた。

歳を重ねるうちにいつの間にか、心浮き立つ対象が、アイドル歌手からお菓子に変わっていったが、本質は今も変わらない。食べものだからおいしいに越したことはないし、もちろん個人的な好みもあるけれど、歌のうまさだけがアイドルの取り柄ではないように、味だけがお菓子の全てではないと思う。

祖母が元気だった頃、ひとり暮らしの私の家に定期的に送ってくれるお菓子があったが、正直なところ甘過ぎるなあと感じていた。祖母が亡くなってから口にする機会はなかったが、思いがけず旅先で、そのお菓子をつくる店に立ち寄った。懐かしさだけで購入を決めて、「祖母の好物で、私もよく送ってもらって食べていたんです」と店主と話し込むうち、作業場を見せていただけることになった。

もう何十年もそのお菓子をつくり続けている職人さんが、無口で真摯に作業する姿を間近に見たあと、久しぶりにそのお菓子を口にすると、これまでは気になっていたはずの甘さが、際立つ個性と感じられるようになった。

東京に戻ってからお茶請けに味わうたび、帰り際に顔を上げてにっこり笑ってくれた、大きくたくましい手をした職人さんの顔が浮かぶようになった。つくる人、お菓子が生まれた店や土地、贈ってくれた相手や、選んだ自分自身の気持ちを知ることで、お菓子の味わいは変化するのだ。

古風で落ち着いた趣のある子、愛嬌があってハイカラな子、ロマンチックな店主から詩的な名前を宿された子、土地の歴史を背負い堂々たる風格をたたえた子。とりどりの甘いアイドルに出合うため、私は日本各地へお菓子の旅を続けている。

おいしい予感の原風景

たいていの口にするものをおいしいと噛み締めることができるのを、自分の取り柄のひとつに数えてよいものか。もちろん人並みに好みはあるし、素材やつくる人の腕の違いにはたと気づくから、味覚が鈍感ということではなさそうだ。

そもそも、なんでもかんでも口にしているわけでない。朝昼晩のおやつ、限りある食事に気を配り、できうる限りおいしいと感じるものを味わえるよう、常に真剣に考えている。つまりはただ、食いしん坊なだけ。咀嚼《そしゃく》し、賞味し、旨みを感じると、心身ともに満ち足りるのだ。

食べることとともに、食べるものの存在や気配は、なんと心嬉しいものだろうとも思う。味わうだけにとどまらず、好ましい名や色や形やパッケージに出合えば、胸が高鳴る。果ては食べもののような、食べものではないものにまで感極まるのだから、我ながらおかしい。

保育園で大がかりなおみせやさんごっこが催された日、それが私の食いしん坊道のはじまり。それは、おいしそう、つまりはおいしいの予感こそが私にとっての至福であると自覚した日だった。

園で一番大きな教室に、画用紙を貼り合わせた大きな書き割りの街があらわれる。そこに小さなテーブルが一列に並び、果物やお菓子やパンを描いた旗が看板代わりにひるがえる。

ピピッ。お買いものスタートの合図の笛の音が低い天井から跳ね返った途端、私はビスケットの旗めがけて駆け出した。あらかじめひとりに数枚ずつ分配された丸い紙のお金を、首からさげた新聞紙の財布から取り出し、店主を演じる先生にうやうやしく差し出す。

「好きなお菓子を選んでください」

頭上から注ぐ先生のよそ行きの声まですくい取るように、お目当ての品を手の中に大事に収めた。それは、角砂糖大に刻んだ白い発泡スチロールを、赤や青や黄のセロファン紙で包み、両端をきゅっと絞ったままごと用のキャンディだった。

前の日の夕方、迎えを待つ子どもたちがお絵描きやら折り紙やら机に向かって遊ぶ隣で、幾人かの先生がひたすら忙しく手を動かしていた。

「なになに、なあに」

飛びつくように駆け寄って、画用紙でできた大きな升を覗き込んだ。

そこにあった。色とりどりのキャンディが。

食べたい。おいしそう。たまらずお腹がグーと鳴る。家の食卓で手招くチョコパイより、よそ行きのカーディガンのポケットに入ったままのキャラメルより、口にはできない模造のお菓子が、小さな私の心をぐっととらえた。

「明日、絶対にこれを買う！」

そう決めてから、輝く魔法の力を得たような、秘密めいた気持ちになった。

それからというもの、食べもののようなものも、食べものの気配をまとったものを見るだけで、私はふくふくと心が満たされるようになった。

マーブル模様のビー玉、ココアクッキーそっくりのカメラのレンズキャップ、綿菓子みたいな白い毛糸。決して食べることはできないけれど、決してなくなることもない。しかし、それらを目にすれば、思い出せば、想像すれば、私はいつでも甘美な心持ちになれる。

困ったときの玉ねぎ頼み

困ったときの玉ねぎ頼み。そう教えてくれたのは、ひとり暮らしをはじめて最初に仲良くなった、料理上手の友人だった。最寄り駅が同じで、学校帰りに駅前のスーパーでたまたま顔を合わせたとき、これから家で夕飯をつくるから食べていかないかと誘われた。

玉ねぎさえあれば、それなりの料理が出来上がって重宝する。和えたり茹でたり炒めたり、ときに生のままでも、調理法次第で甘くなったり辛くなったり、風味を変えておいしく味わえるから頼もしい。ざっくり切るか、みじん切りにするかで、裏方にも主役にも自在に変化するところが律儀でもあると、まるで親しい人の取り柄を紹介するように、台所の後ろ姿の彼女が語る。この街に越して来てまだ数えるほどしか料理をしていないと照れながら告げる私に、自らの手で食事を賄《まかな》うためのいろはを優しく伝えるつもりだったのだろう。

コンロはひとつ、みかん箱ほどの簡易冷蔵庫がシンクの下に組み込まれたコンパクトな台所で、カレーが完成するのを待つ間の他愛ない会話。カレーの仕上がりは玉ねぎで決まると、彼女の玉ねぎ談はまだ先へ続く。弱火でじっくり、飴色がさらに深みを増すまで根気強く炒めるとおいしくなると言いながら、長い時間かけてヘラを右へ左へひらひらと動かす。

ついひと月前まで、母がつくる食事をとるのが当たり前だった十代の私に、料理のこだわりやうんちくなど全くなかったものだから、彼女の熱心な玉ねぎの話に随分と感心したし、そのとき聞いたことを素直に実践するようになった。

住まいから目と鼻の先に、朝から日暮れまで威勢のいい声が響く八百屋があった。白髪にバンダナを巻いた、立川《たてかわ》談志《だんし》師匠似の大将を筆頭に、がっちり体格のいい四、五人の男性が、それぞれのおすすめ野菜を、声を張り上げて教えてくれた。その日その時刻のお買い得の品や、どんなふうに食べたらおいしいかまで、丁寧に教えてくれた。

十五分もあれば必要な分だけ野菜を買いに出て、台所まで戻ってこられるようになり、すっかり野菜を買いだめしなくなった。それでもたったひとつ、三百六十五日台所の野菜入れに必ずあるのが玉ねぎだった。夜にちょっと小腹が減ったときも、翌日弁当が必要なときも、ちゃちゃっと丼ものや麺類や簡単な惣菜をこしらえるのにも重宝し、どんなあり合わせの食材にも玉ねぎはすっと寄り添ってくれる。

近所の八百屋の店先には、年中いつでも青いカゴに三、四玉盛られた玉ねぎが並んでいたが、我が家でも玉ねぎの定位置はカゴの中。ネット状のバッグに移し替えて、棚から吊るしていたこともあったが、旅先の道の駅で見つけた手編みカゴに買ってきたばかりの玉ねぎを置いたところ、思いのほか収まりがよく、玉ねぎ頭たちも心地よさそう。その日から、そこが彼らの定宿となった。

緑赤黄の色鮮やかな旬の野菜が台所にやってくると、ついそちらを花形扱いしてしまうが、玉ねぎこそが縁の下の力持ちである。決まった容れものがあるのは玉ねぎだけで、我が家では特別扱いだ。

毎日話しかけると植物はすくすく育つと聞いたことがあるが、もしや野菜もそうではないかと思う。玉ねぎをカゴから取り出すとき、「毎日頼りにしています」と心の中で唱えることでさらにおいしくなり、楽しい食事の時間が過ごせる気がする。

春先の八百屋では、定番野菜の売り場だけでなく、旬のものが堂々と集まるひな壇にも玉ねぎが並んでいた。春は水分を多く含み柔らかく、甘みが強い新玉ねぎの季節だ。その時期だけは、新玉ねぎと普通の玉ねぎ、どちらともが家にあって、玉ねぎカゴは溢れんばかりになる。

新玉ねぎの存在感の大きさゆえに、玉ねぎの旬は春であると思い込んでいたが、果たして本当にそうだろうか。玉ねぎは春以外のどんな季節も、ふくよかな姿と安定した値段で店先に並んでいる。買いものに出たついでに、八百屋のお兄さんに玉ねぎの旬はいつかと尋ねてみると、

「一年中、全国からおいしいのを仕入れてるよ」

と軽快な答えが返ってきた。

玉ねぎとひとくくりに呼んでいる中にも、黄玉ねぎ・白玉ねぎ・赤玉ねぎ・小玉ねぎと、さまざまな種類がある。そのうち私たちが何気なく、これぞ玉ねぎと認識しているのが黄玉ねぎで、新玉ねぎは白玉ねぎのこと。

一般的な玉ねぎは収穫してからひと月ほど乾燥させて出荷するのに対し、新玉ねぎは収穫後すぐに出荷される。こんなふうに種類によって出回る時期の違いはあるものの、通年旬として手に入る玉ねぎは、やっぱりしみじみ頼もしい。

万能野菜の玉ねぎだけれど、見た目はなんともチャーミングだ。漫画や絵本でも、玉ねぎのような顔つきの個性的な登場人物が現れると、ふっと気が抜けて、たちまち和んでしまう。

小学生の頃、大好きだった本のひとつに『ふしぎなかぎばあさん』という話があった。舞台は、自分と同じ小学三年生で、鍵っ子の男の子の家。あるとき雪降る中、家の鍵をなくして困っていると、魔法使いのようなおばあさんと出会い、自分の家に入れてもらうことができた。そればかりか、とびきりおいしい手料理までこしらえてもらう。

そのおばあさんが、きゅっと髪を引っ詰めて、頭のてっぺんにちょこんとおだんごを載せた玉ねぎ頭だった。黒柳徹子さんとよく似た髪型で、自分の毛で結っているのだろうかと、子ども心に不思議だったが、挿絵の玉ねぎ頭を見るたび心が和らいだ。ふっくらゆるやかな曲線は、愛嬌と包容力を表しているようで、私の家にもかぎばあさんがやって来ないか、本を閉じたあとは空想して過ごした。

そのうち、頭の中でかぎばあさんの姿を思い描くだけでは物足りなくなり、自分も玉ねぎ頭ができないだろうかと思いはじめた。いつも私の実体のないごっこ遊びに耳を傾けてくれる祖母に相談したところ『ムーミン』の登場人物・ミイのように、長く伸ばした髪をつんと頭のてっぺんで結んでくれた。玉ねぎとはほど遠い姿であったが、物語の世界に近づけた気がして、すっかり満足できた。

家庭科の調理実習でカレーライスをつくることになったときも、ポニーテールを丸くゴムで留め、玉ねぎ頭で挑んだ。玉ねぎを切ると涙が出ると聞いていたから、大きな敵に向かうようにまな板の前に身構えていたけれど、無事に玉ねぎを切り終えたときは結局みんな、泣くどころか大笑いしていた。

思い返すと、料理上手な友人が教えてくれた、〈困ったときの玉ねぎ頼み〉はいつだって間違っていなかった。

旅のかけら

最も憧れた東京の街

大阪で過ごした大学時代、最も憧れた東京の街は、原宿でも渋谷でも銀座でも六本木でもなく、神保町だった。

大学近くの古本屋でアルバイトをするうちに、自分も古本屋になりたいと思うようになったのだ。特別な知識はないけれど、古い本を触ったり磨いたり整頓すると心が安らぐ。ページをめくるごとたちこめる、香ばしいべっこう飴のような香りをあびて過ごすことができたらどんなに幸せだろうと、そこで働くことを夢見た。

大学卒業後どうしていくのかと父に問われ、神保町の古本屋で修行がしたいと答えた。すると父の方もその気になったようで、ことあるごと、神保町・古本・修行と私の背中を押すような電話をかけてくる。いつも、どこか嬉しそうに。今思えば、娘の夢を一心に応援してくれていたのだろう。

けれども結局、時に流されたまま私は卒業を迎え、東京でも故郷の静岡でもなく、京都へと引っ越した。

さらにその数年後、私は神保町の、古本屋でなく出版社でもの書きの修行をはじめた。まだ駆け出しのひよっこで、なんの技術もなく、書き方の基本も知らなかった。あるのは書きたい気持ちだけ。

提出した原稿は赤字だらけで編集長から戻され、また書き直すことになるのだが、その過程が楽しくて仕方がない。ひと直しするごと、階段を一段上るような手応えを得られるのが、大きな日々の喜びだった。

大正時代、岩波書店の創業者・岩波茂雄が古書店をはじめ、近辺に多くの学校が創立したことで、文化人や学生が集まるようになった神保町。次第に、出版社や喫茶店、学生やサラリーマン相手の食堂も増え、世界屈指の古書街、日本有数の学生街として知られるようになった。

ところどころ、ビルの合間に古い建物が残されているから、本の背に目を凝らすだけでなく、上を向いて歩くのも楽しい。映画やドラマのロケにもよく使用される学士会館や神田猿楽町町会詰所、東京の教会の中でも有数の歴史を持つカトリック神田教会、古書店の一誠堂書店と矢口書店、喫茶店ならさぼうるやラドリオ、それにミロンガ・ヌオーバ。そこに身を置くだけで、小説や映画の一場面に居合わせているような感覚を得る、ドラマチックな佇まいの場所や店が、ひとところにぎゅっと集まっている。もの書き一年生の頃、毎週のように通った大好きな東京の街だ。

しばらく遠のいていたこともあり、大きな仕事の山を越えたあと神保町へ、あの頃に出会う時間旅行へと向かった。

昼食で混み合う時間を避け、神保町へ到着したのは午後一時過ぎ。気持ちが急いて、小走りで天ぷらのいもや本店へ向かう。店先にぷんと漂うごま油の香りを吸い込み、暖簾をくぐって調理場をぐるりと囲むカウンターに座る。壁に並ぶ品書きは天ぷらのみ。素っ気ないほど簡素な店内とともに潔く、すくっと身が引き締まる。

天ぷらは私の好物のひとつだけれど、二十代の頃は東京で天ぷらを味わうのに、それなりの覚悟を要した。だから上京したてで、はじめてこの店を訪ねたとき、早い安いおいしいと、すこぶる感動したのだった。海老・イカ・キス・カボチャ・ナス、揚げたてでさくさくの衣がついた天ぷらの盛り合わせに、味噌汁とごはんがついて六百五十円。もの書きのたまごだった私は、出版社で打ち合わせや企画会議、原稿の修正を終えると、ささやかでとびきりの贅沢を味わうためこの店に通った。

食後は、向田邦子さんや小津安二郎さんも愛した洋菓子店・柏水堂の喫茶ルームでお茶をしたり、古本屋をはしごしたりして、夕暮れまでのんびりと過ごした。手の平が痛むくらいの古書が入った袋を片手にさげて、池波正太郎さんをはじめ多くの文豪の定宿だった山の上ホテルにチェックインを済ませる。高台の上にあるホテルは、その名の通り山のような形をしている。

てっぺんに位置するモーツァルトの部屋は、ドアを開けると階段が続き、屋根裏部屋のようだ。窓際にはオーディオセットが並ぶ、音楽を聴いて過ごすための部屋で、そこで読書三昧を楽しみながら夜更かしをした。修行時代、いつかそうできるようにと定めた目標を成就した、ささやかなひとときだった。

新年の風物・チンコロ市へ

『はじめましての郷土玩具』という本を上梓《じょうし》した。郷土玩具とは、日本各地の風土と密接に結びつき、江戸時代以降に、木・藁《わら》・土・紙など身近な材料でつくられるようになった庶民のための素朴な玩具。だるま・招き猫・こけし・こま・張子人形・鳩笛などがよく知られている。

親が子どもに与える遊び道具としてだけでなく、寺社の授与品や民間信仰のお守り、節目の祝いや記念の役割も果たし、厄除け・疫病除け・商売繁盛・開運出世・五穀豊穣《ごこくほうじょう》・子どもの成長・家内安全など、健気に生きる人々の切実な願いが動物などの形に託された。緻密な美しさを愛でる美術品と異なり、土地柄・人柄・気迫・神秘性・郷愁・愛嬌がにじみ出ていて、手にして和むものもあれば、畏敬を感じるものもある。

私の父は干支の郷土玩具の蒐集《しゅうしゅう》が趣味で、大きなガラスケースに馬や虎や牛の人形を並べていたけれど、幼心に神棚のような神聖さを感じ、いたずらに手を出すことはなかった。

　個人的に研究している郷土菓子に、願いや祈りを込めて食べたり飾ったりする縁起菓子という類いがあるが、それはときに菓子と玩具の垣根を越える。最中の皮の中に縁起ものの土人形が入った金沢の福徳や、米粉細工でありながら食べずに飾る新潟・十日町《とおかまち》市のチンコロもそう。本では、菓子も玩具も分け隔てなく土地土地の伝統に親しんでほしいと、郷土玩具にちなんだ郷土菓子の紹介ページも用意した。

　豪雪地域として知られる十日町市で、毎年一月の十日・十五日・二十日・二十五日に開催される節季市は、チンコロ市の愛称で呼ばれている。

　江戸時代にはじまった当初より、厳しい寒さの農閑期につくられる着物やカゴなどの生活雑貨が販売されていた。そこに明治の頃より、地元の言葉で小さな犬を意味する米粉細工・チンコロが並ぶようになり、今では市の一番の人気ものになっている。戦時中は材料不足でつくるのを止めたり、後継者や買い手の減少で一時期は衰退したこともあったそうだが、今や欠かせない新年の縁起ものとして定着し、チンコロを求めに多くの人が訪れるようになった。

カゴ・乾物・漬物・野菜・魚・玩具、それに新潟ならではのおやつ・ぽっぽ焼きを販売する露店が、諏訪神社の参道となる諏訪通りに五十軒ほど連なる中、チンコロの露店は全部で四軒ほど。どこも朝九時の開店前から行列ができ、午前中には売り切れ必須の繁盛ぶりだ。

猫と鯛・犬と鞠《まり》・餅つきうさぎ・花が伝統的なモチーフで、米粉の白と食紅で色づけする赤・緑・黄が基本の色。次第に、干支や雪国の子どもをかたどったカラフルなチンコロもつくられるようになってきたが、ひとつとして同じものはない。子どもから祖父母世代まで、表情が異なるチンコロを真剣に見つめ、自分好みを選び出す。

米粉でできているので、次第にヒビが入り割れていくけれど、ヒビの数だけ幸せがやってくると伝えられているので、悲しむことはない。昔は焼いて食べることもあったそうだが、今は鑑賞用として楽しまれている。

郷土菓子とも郷土玩具とも言える愛らしいチンコロを、現地で手にしてみたい。長年の思いを叶えるため前日から十日町入りしていた私も、開店三十分前には同行者と手分けして列に並び、ふわふわとした大粒の雪が舞う中、四店全てのチンコロを無事手に入れることができた。

市に合わせてチンコロづくりをしているのは、主に保存会の有志たち。誰がどうしてつくりはじめたのか定かではないそうだが、昔から神棚や床の間に飾り、縁起ものとして愛でられてきた小さな米粉の人形を後世に残すため、地域みんなで大切にしている。

市のあとは、地元のつくり手に指導いただきながら、私もチンコロづくりを体験した。和菓子の練りきりをつくる要領で、生地を丸めたりハサミを使って手足を整える。どんなことにも言えるが、自らの手を動かし経験することで、はじめてその難しさや苦労を理解する。それでもチンコロづくりはあまりに楽しく、このまま弟子入りしたいと本気で思ったほどだった。

ホテルオークラ東京で朝食を

東京の風景が、また大きく変わりはじめている。日本のファッションビル第一号と言われ、日本初のロシア料理専門店・渋谷ロゴスキーが所在した東急プラザ渋谷が、建て替えのために閉店を迎えた。営業最終日前は混雑するだろうと余裕を持って訪ね、思い出のメニューを食べたり、建物そのものや、窓から見える風景を写真に収めた。私たち以外にも、静かに記憶を辿っているようなひとり客や、長年寄り添う夫婦がちらほらといて、きゅっと胸が締めつけられた。

つい先日は、東急東横線綱島駅のそばにある、創業昭和二十一年の綱島ラジウム温泉・東京園も、道路拡張のため取り壊しが検討されていると聞いて、やるせない気持ちが込み上げた。遠出はできないけれど、のんびりリフレッシュしたいとき、都内から気軽に向かえる憩いの温泉施設だった。

渋谷駅もこの数年で大きく変わった。東急東横線の線路が地下に移行したときには友人と「何十年後かに、東横線の線路は高架だったねと思い出話をしたりするのかな」と語りながら、閉鎖後のホームを目に焼きつけた。

湿度が高い日本では建築物が短命と聞いたことがある。前回の東京オリンピックは五十年以上前、その当時完成した建物はきっと建て替えどきなのだ。

ホテルオークラ東京の本館の建て替えが決まり営業を終えると聞いてから、しばらく喪失感に襲われた。ホテルオークラ東京の創業は、東京がオリンピック景気に沸く昭和三十七年。建築家・谷口吉郎《たにぐちよしろう》が中心となり、世界各国から来日するゲストに日本的建築美を伝えようと、最高の建築・工芸技術を集結し建造された。外装・内装・什器《じゅうき》備品のデザインにさまざまな日本古来の美しい紋様が取り入れられている。

中でも、オークラ・ランターンという愛称がある、切子玉《きりこだま》形の照明で知られるロビーは、国内外の建築雑誌でも多く取り上げられる名物風景。雅《みやび》びやかな灯りの下、喧噪《けんそう》を離れてひととき安らげる。そんな世界に誇れるホテルは、個人的にも大切な場所だ。私も書籍などで何度も紹介し、名物のフレンチトーストは節目節目に味わっている。

フレンチトーストをはじめて口にしたのは、上京して間もない頃だった。始発に近い電車に乗り込み、虎ノ門駅を目指した。風格があり静謐《せいひつ》さが漂う、ホテルオークラ東京のメインダイニング・オーキッドルームで、白いクロスをぴんとはったテーブルに向かい、これからこの街で新たな暮らしがはじまるのだと背筋を伸ばす。そうして、叶えたいあれこれを頭の中で想像しながら、東京でいつか必ずと憧れていたフレンチトーストを口に運んだ。

以来、気持ちを切り替えたいことがあると、決意の味を求めて朝のホテルを訪ねるのが習慣になっている。まさか慣れ親しんだ本館と最後のお別れをするために訪れる日が来るだなんて、想像もしていなかった。

牛乳・砂糖・バニラエッセンスを溶き混ぜた卵液に、厚切りのサンドイッチブレッドをまる一日漬け込んでつくられるフレンチトースト。注文が通ってから、低温のオーブンで全面がふっくらこんがりキツネ色に染まるまで、十五分ほどじっくり焼き上げて完成させる。添えられたメイプルシロップなしでも十分に甘く、ぷるんとした弾力はまるでプリンのようだ。手間をかけた贅沢な味だけれど、その姿は潔く素朴。にこやかな笑顔できりりと軽快に接客するウェイターと、いつも通り会話を交わしながらゆったり過ごした。

数年後には、さらにもっと東京は変わるであろう。大切な風景をいつでも記憶の中で再生できるよう、今の東京をしっかりと見つめておこうと思う。

東京の台所探訪

映画や小説のような、劇的な出来事が身近に起きた。小学生のとき亡くなったと聞かされていた友人の母親が、離れた土地で元気に生きていたのだ。病を抱えた父親が天国へ旅立つ直前、「お母さんは生まれた町に戻り、別の家族を築いている」と告げ、連絡先を彼女に渡した。

友人はすぐに電話をかけ、数日後には日帰りで母親を訪ねた。近い距離ではなかったため、滞在できる時間はわずかだったそうだ。数十年ぶりの再会だったが母娘はすぐに打ち解け、母親の今の家族も一緒に食事を楽しんできたという。

それから一年ほど過ぎた先頃、友人は母親を東京に招待した。浅草寺から隅田川を下る船、東京駅から皇居周りや銀座を抜ける屋根のない二階建てバス、宿泊は夜景がまばゆい渋谷の高層ホテル。物心ついてから、はじめてふたりで過ごす時間だった。

同じ雰囲気をまとった親子が並んで写る記念写真を見せてもらいながら、次はどこがいいだろうと、私の方が心を弾ませた。

「今度は築地市場に行ってきたら？　豊洲市場が開場したら今の風景は失われてしまうはず。移転するのは場内市場だけで、場外市場は残ると聞いたけれど、それでも築地は一変するだろうから」

東京の台所である築地の今の風景を、母娘で一緒に見てほしいと思ったのだ。そして私は、定期的に早起きして場内・場外の市場を散策するときのことを、彼女にこと細かに話した。

築地は江戸時代に海を埋め立て築かれた土地だ。明治の頃は外国人居留地が設けられ、ホテルやレストラン、ミッション・スクールなどが軒を連ねるハイカラで進歩的な街並みと、昔ながらの漁師町とがすぐ隣り合わせにあった。

大正時代になると関東大震災で焼失した日本橋魚河岸が移転してきたことで、魚市場としての歴史が幕を開ける。昭和十年に現在の場所に東京市中央卸売市場が開設するが、戦時中の統制で一時は灯《あかり》が消えたこともあった。それが戦後、東京の台所と言われるまでに活気を取り戻し、今では外国人観光客憧れの立ち寄りどころとして世界に知られる存在になった。

築地の朝は早いが、早朝はプロの時間。観光がてらおいしい食と雰囲気を味わうならば、午前九時から午後二時前までがちょうどいい。場内の名店は昼過ぎには店じまいするところも多く、その日の目当てが決まればまず先に向かう。場内の入口付近ですれ違う、ひとり乗り運搬車・ターレットトラックを巧みに操るキャップをかぶった卸売人や仲買人たちはみな、東京の台所を支える力強さと風格を放っている。

飲食店街には寿司・ラーメン・喫茶・パン・甘味など、数多の店が並んでいて、あれこれ目移りして仕方がない。二度三度と通い、きょろきょろうろうろ、食材がひしめく通りを行ったり来たりを繰り返し、店の人にわからないことを教えてもらううち、やっと独特の空気に物怖じしないようになった。

築地市場に着いて、私が真っ先に向かうのは喫茶店だ。朝一番のコーヒーを飲みながら巡る順を考える。ほっとひと息ついたあと、少し早い昼食を食べに行く。贅沢したい日は寿司屋に向かうが、とんかつ・ラーメン・洋食・カレーなども気分で選ぶ。買いものするのは昼食のあと。魚や野菜や乾物を買い込み、夜は気が置けない仲間で集って、それらを料理するのもいい。

そして帰り際に、波除《なみよけ》稲荷神社に立ち寄って参拝することも忘れてはいけない。江戸時代に築地の埋め立て工事がおこなわれた際、海から稲荷大神の御神体が見つかった。荒波で難航していたが、それを祀《まつ》ったところすっかり波が静まり、工事が順調に進んだと言われている。それ以来、厄除の神社として信仰されるようになった。食の町・築地の守り神らしく、境内には、すし塚・海老塚・玉子塚・活魚塚・鮟鱇《あんこう》塚・昆布塚と、食にまつわるさまざまな塚が祀られている。

日本一の獅子頭が鎮座し、それを神輿《みこし》のように担いで練り歩く、築地の初夏の風物詩であるつきじ獅子祭の間は、町中がさらに熱気に満ちるというから、いつの日か見てみたいものである。

たとえこの先、築地の様がどんなに変わったとしても、この地の食の記憶はみんなの中でずっと生き続けていくだろう。

民俗学に通じる地元パン学

かこさとしさんの『からすのパンやさん』は、幼い頃に何度も何度も、繰り返し母に読み聞かせてもらった大好きな絵本。いずみがもりでパン屋を営むカラスの家族が手を取り合い、変わった形の楽しくおいしいパンを焼き、大評判になるお話である。

こねこパン・パンダパン・だるまパン・テレビパン・ほんパン・ピアノパン。愛らしくってユニークで、夢のあるパンがぎっしり描かれたページを殊に気に入って、本に薄紙をあててパンの絵をなぞったり、自分でもあらたなパンを考え出して画用紙に描いたりしていた。私が食べものの絵や写真を見るだけで、うっとり幸せな心持ちになれるほどの食いしん坊に成長したのも、この絵本の影響が多分にある。

物心ついてからずっと、朝はパン食だった。旅に出ればその土地に根づくご当地パンを求めて歩き、普段から手みやげにはお菓子と同じほどパンを選んでいる。パン好きが高じ、老舗を取材したり専門書を読んだり、全国各地のパンを食べ歩いたり、日本のパンの歴史や特色の研究を独自におこなうようになった。

当初はごく個人的な趣味として、日本全国の地元パンを集めはじめた。集めるといってもパンの標本をつくれるわけではないから、写真で姿を記録してから、舌で味を記憶する。さらには帰省や旅する友人に頼み込み、日持ちしないパンを東京まで持ち帰ってもらうこともあった。

そんな活動を十年ほど続けていたところ出版社から声がかかり『地元パン手帖』として本にまとめることになった。

制作中は、これまで集めたパンをつくるパン屋に連絡をし、あらためて店やパンの成り立ちを伺ったのだが、思いがけない共通点が見つかり、自分がなぜ地元パンに惹かれるのか、その理由が明確になった。

取り上げた百五十軒ほどの半数近くが昭和二〇~三〇年代の創業で、その多くは学校給食用のパンも手がけている。戦後すぐ日本がまだ食糧難だった時代から、豊かにものが溢れる現在まで、地元の普段の食を支えてきた味。無意識にそういうパンばかりを集めていた。

昔から地元で愛される味には、誕生秘話や名の由来、職人の思い、常連客や近所の学生たちとの逸話が満載で、どのパンにも物語が溢れていた。

明治から戦前にかけて創業した老舗は、和菓子屋からパン屋に転業した店が多いのだが、それにも訳がある。

日本初のパン専門店が登場したのは、江戸時代後期に鎖国令が解かれてから。外国人居留地に指定された横浜で、外国人が経営していた。その頃、横浜を訪れたのをきっかけに日本人初のパン屋を開業したのが、木村屋總本店創業者の木村安兵衛。息子たちとともにあんぱんを考案した。

今では当たり前のイースト菌は日本でまだ知られておらず、酒まんじゅうに着想を得て酒種酵母菌《さかだねこうぼ》で発酵させた。ふっくらとした生地と、日本人になじみのある餡を包んだパンは評判となった。

三代目が各地を巡りあんぱんづくりを指導したり、木村屋で修行を積んだ職人が里に帰ってつくりはじめたことで、あんぱんをつくる店が全国に急増した。もともと餡づくりはお手のものだった和菓子屋が、パンの分野に手を伸ばしていったのだった。それに、洋菓子づくりもパン同様に窯《かま》を使うため、明治から昭和初期創業の歴史ある店ほどパンをつくることが多かった。

戦前の日本人は、あんぱんや甘食やシベリアのような甘いパンを好んで食べたが、菓子パンという概念は日本独自のものらしい。こんなふうに日本のパンの歴史は、民俗学にも通ずるものがある。だから、地元パンは奥が深くて面白い。

牛乳パンの謎解きに

昔ながらのパンは、ひたすら甘かったり、高カロリーのものが多いけれど、戦後の貧しい時代、甘さや栄養価は豊かさの象徴だった。長年地元で愛される地元パンの誕生秘話を紐解くうち、地域性や時代性、店主の想いや客との交流など、さまざまな物語が詰まっていることに気がつき、どんどん魅せられていった。

しかし時代は移り行くもので、地元パンの研究をはじめたこの十年で廃業したパン屋は、私が知る限り数十軒を数えた。創業から五十年を越え、三〜四代目に代替わりする前に看板を下ろす店が多い。

昨今いろいろな媒体でパン特集が組まれるほどのパンブームで、こだわりの原材料や製法でパンをつくる店も増えた。一斤千円以上の高級食パンを扱う店もあるという。それに対し、拙著《せっちょ》『地元パン手帖』で紹介した老舗パン屋のパンは、一個百円代のものがほとんどである。後継者不足、原材料の高騰、人口減少、地元パン屋の廃業の理由はさまざまだ。

テレビ局から『マッコの知らない世界』という番組への出演依頼をいただいた。あるひとつのテーマについて有識者が、司会のマツコ・デラックスさんに紹介するのが面白く、好きなテレビ番組のひとつだった。しかし自分が出るとなると、戸惑いがあった。随分迷った末に決意したのは、少しでも地元パンのためになればと思ったからだった。

閉店の知らせが出ると駆け込みで客足が増えることがあるけれど、あまりにも身近にあり過ぎてその存在を忘れかけている人も多いはず。それに、その店の近くで暮らしていなければ知ることもないのが地元パンだ。戦後から日本の食を支えたパン屋、自分の住む町に昔から当たり前にあるパン屋を再認識し、立ち寄ってもらうきっかけになればと願いを込めて出演することを決断した。

番組の核は、地元パンの歴史や誕生秘話などを伝えること。そんな中、私が長年不思議に思っていた、長野県の地元パン・牛乳パンの謎を解くため、現地まで取材に行くことになった。

牛乳パンは、長野県の多くのパン屋で昭和三〇年代からつくられているパン。ふっくら厚みのある角切りのパン生地の間に、たっぷりのミルククリームが入っている。

そのほとんどが、レトロな文字や絵が青色で描かれた、乳白色の袋に入っている。元祖を突き詰めるため番組スタッフとともに、長野市・豊野町・木曽町と、牛乳パンを販売する店を巡った。

取材を進めていくと、戦後しばらくして長野県パン組合が、栄養価の高い牛乳パンの講習会を開き、職人に広めたことが判明した。パン袋の味のある男の子を描いたのは、木曽町かねまるパン店の大橋みさ子さん。九十歳の笑顔の優しいおばあちゃんだった。終戦後、家族みなで生きるために、袋入りの牛乳パンを売り出す方法を考えたという。パンづくりで忙しい夫に代わり、みさ子さんは必死で幼い息子の姿を描いたそう。

「牛乳パンには、たくさんの想いがあってかわいいの」

帰り道、みさ子さんの言葉をともに、ふかふかの牛乳パンを噛み締めた。

求めたその日に味わう贅沢

早いうちに用事を終えて新大阪駅から帰路につくとき、改札前のみやげもの売り場で必ず、御菓子司絹笠《きぬがさ》のとん蝶《ちょう》を求める。起源は江戸時代までさかのぼる老舗和菓子店の顔だから、甘い菓子かと思いきや、その正体は、どっしり重量感のあるおこわである。

和菓子店へよく赴く人は、店頭に赤飯や栗おこわなどが並ぶ様子を見かけたことがあるだろう。少し意外な気もするが、和菓子の材料でもある餅米を用いた赤飯やおこわは、生菓子の餅物として分類されることがある。とん蝶も、餅米を生かすべく六十年以上前に発案された、知る人ぞ知る昔ながらの大阪の味だ。

とん蝶という風変わりな名は、故郷を想起させるとんぼと蝶をかけ合わせたもの。口にすれば、母がつくるごはんをお腹いっぱい頬張った、幼い日の記憶が呼び起こされる。

とん蝶の仕込みは朝五時半からはじまる。白蒸ししたもちもちの餅米に大豆と塩昆布を合わせ、三角形に整える。ひとつで小さなおにぎり二個分ほどあり、食べごたえたっぷりだ。中央にちょこんと載ったカリカリの小梅が箸休めにちょうどいい。添加物未使用のため賞味期限は製造日当日限り。新幹線車内で弁当代わりに味わうもよし、帰りを待つ家族や同僚の夕食・夜食にも喜ばれる。

近頃は、みやげは日持ちがして当然という風潮がある。だからこそ、その土地へ出向かねば求めることができず、つくられたその日にしか味わえないものはとても貴重だ。もしそれに巡り合えたら、私はいつも生きた素材の余韻とともに、贅沢な心持ちまで噛み締めている。

大阪で仕事があったある日、ぜひ食べてほしくてと色とりどりの丸いおはぎを届けてくれた方がいた。彼女の住まいは大阪市内だが、電車を乗り継ぎ、大阪と兵庫の境に位置する豊中市までおはぎを買いに出たという。

森のおはぎは、元テキスタイルデザイナーの女性店主がはじめた対面式の小さな店。ほっくり炊いた粒あんに、ぷちぷち歯ごたえのある雑穀入りの餅米を合わせてつくられる。定番のおはぎも季節の限定品も、素材の組み合わせを一見すると風変わりなのだが、風味はこっくり豊かである。

こぶりなので二個三個、ぺろりと平らげられてしまう。店の最寄りは阪急宝塚線岡町駅。商店街を抜けて辿り着くそうだ。

「電車を乗り継いで行く、その道のりが楽しくて」

彼女の心遣いに感謝しながら、私もいつか買いに訪ねてみたいと、まだ見ぬ森のおはぎへ思いを馳《は》せた。

南蛮文化の名残り味

鎖国下の江戸時代、長崎・出島は幕府が海外と交易をおこなう唯一の港だった。オランダ人や中国人によって、それまで日本になかった文物・技術・文化が持ち込まれたが、そのひとつが砂糖である。

出島で荷揚げされた砂糖は、佐賀を通り、小倉へ続く長崎街道を経て、京都・大坂・江戸へと運ばれた。そうしてシュガーロードとも呼ばれる長崎街道沿いには、南蛮《なんばん》菓子を起源とした独自の菓子文化が発展し、さまざまな名物が誕生している。

その代表格が、室町時代末期にポルトガルの宣教師が伝えたと言われるカステラ。元の味や形は現在と異なり、日本人の嗜好に合わせて製法や素材の改良を繰り返し、ふんわりしっとりの口当たりに辿り着いた。

カステラが今、洋菓子屋でなく和菓子屋に並んでいるのも、日本独自の菓子である証《あかし》。多くの日本人が、子どもの頃の甘い記憶を辿るとき、生地の底についたザラメの粗く甘い舌触りや、家族で等分したことなど、カステラにまつわる思い出がよぎるだろう。

日本の菓子文化を学ぶためシュガーロードを旅したとき、いの一番に向かったのが、江戸時代創業の松翁軒《しょうおうけん》本店だった。目の前を路面電車が走り抜け、二階に古雅《こが》な喫茶室を併設した煉瓦《れんが》造りの建物。一階の売り場で試食用カステラとお茶をすすめられ、まろやかで弾力のある生地を噛み締めながら松翁軒カステラをみやげに選んだ。松翁軒の店舗は長崎市と福岡市に限られているから、カステラ好きに喜ばれる。

長崎の裏みやげを地元のスーパーで見つけた。

その土地の特徴がよくわかるスーパーの調味料・麺・菓子・酒・惣菜・パン・牛乳売り場の中でも、特に調味料は、味噌・醬油・ソースと地のもの揃いで、眺めているだけでも楽しい。初見のものがあると私はいつもまとめて買い求め、家族や友人への気取らぬみやげとして渡している。

長崎皿うどん用の金蝶《きんちょう》ウスターソースは、戦前から愛されている長崎県民の食事の友とは知らないまま、赤い蓋やラベルの古風な佇まいにひかれて手にとったひとつである。

静岡生まれで、東京と関西でしか暮らしたことのない私は、これまで皿うどんというものを食べたことがなかった。しかし長崎新地中華街ではじめて味わった日から、その味の虜《とりこ》になった。

東京でも皿うどんの乾麺を置く店があるので、それを求めて家でつくることも多い。仕上げには必ず、酸味（醸造酢）・辛味（香辛料）・甘味（砂糖）が独特の長崎味を醸《かも》す、金蝶ウスターソースをかける。みやげに渡した友人は、チャーハンの味つけに使ったら中華料理店風に仕上がったと嬉しそうに知らせてくれた。

はじめて訪れる旅先のスーパーは、私にとって未知の味との出合いの場所でもある。

喉をすべる甘い水泡

京都で過ごした夏、毎日のように下鴨《しもがも》神社へ通った。通ったというよりも、通り道に選んでいたというのが正しいかもしれない。下鴨神社は自宅と仕事場のちょうど中間あたりで、十五分も余裕を持って家を出れば、境内を横切る遠回りの道を、普段の歩幅で歩くことができた。

京都の夏が、肌に吸いつくような暑さであることは周知のこと。だからこそみな、独自の納涼を日常の中に見出すのだが、私の朝の回り道も涼しさを味わうための手だてだった。

下鴨神社の境内は、糺《ただす》の森と呼ばれる厳かな原生林が広がり、アニメ映画『もののけ姫』に登場する精霊・こだまが、ひょっこり姿を現しそうな趣。木陰の道にはサワサワと涼しい風が走り、往来する人の体も気持ちも清々しく包み込む。御手洗《みたらし》池が水源の御手洗川が流れているが、その水泡が元で生まれたのがみたらし団子と言われている。

　上京して十年以上が経つけれど、今でも毎夏のように京都を訪れる。そのたび、吸い寄せられるように下鴨神社へ足が向く。糺の森にのびる表参道を進み、縁結びの神様・相生社《あいおいのやしろ》や本殿を参拝。それから西参道を抜けて下鴨本通を北に向かい、北大路通手前で東に折れる。

　まるで京都に住んでいた頃のように、すっかりなじみの道をすたこらと歩く。下鴨神社境内の北側に位置する茶寮・宝泉《ほうせん》まで、暑さもなんのその、私の足取りは軽快だ。

　宝泉は、あずき菓子で知られる宝泉堂が営む茶寮。ＪＲ京都駅構内にも店舗があるが、左京区下鴨の店舗ではどっしり貫禄のある日本家屋で、木や花や石が配された庭園を眺めながら、季節の生菓子やぜんざいなどがいただける。

　殊に私が好きで、そのために店を目指すといっても過言でないのが、持ち帰りできずここでしか食べることができないわらび餅。注文を受けてからつくりはじめるので、配膳までに十五分ほど時間を要する。日頃、行列に並んでまでなにか食べようと思わない性分でも、席に着いて好物が運ばれるまでの待ち時間はなんとも至福である。

ガラスの器に笹の葉、その上に黒く輝く丸い五つの粒。夏の間だけ、ひんやり氷が添えられる。雲をつまむようにふるふるのわらび餅を箸でそっと口へ運ぶ。噛めば口から耳にきゅっきゅと音が響くほどの弾力で、自然の甘さがつるんと喉をすべる。

体を透かしたら、砕けた小さな水玉が、涼しげにゆらゆら行き来しているのではないだろうか。宝泉のわらび餅も、下鴨神社の静けさの中からぽろんとこぼれ落ちてきた、水の泡のような気がする。

奥の細道むすびの地

日本列島のほぼ中央に位置する岐阜県大垣市。古来より、中山道《なかせんどう》・美濃路《みのじ》と街道が通る交通の要所で、東西の文化や経済の交流地点として栄えた。明治時代に東海地方で最初の鉄道が開通したことから、鉄道の町とも呼ばれ、多くの有能な鉄道人を輩出している。

大阪・京都に住んでいたとき、よく利用する東海道線沿線に大垣行きの電車があった。当時は大垣がどんな町か知らなかったから、このまま終点まで行ってみたいと想像し、鉄道で旅をするのが趣味の友人に話したことがあった。そのときに「乗り換えポイントになることが多い大垣駅で、後続列車の席を確保するため走ることを、鉄道好きの間では大垣ダッシュと呼ぶんだよ」

と教えられたことがずっと私の記憶に残っていた。

それから十年以上経ち、念願叶って下車したＪＲ大垣駅。

駅前にある大垣を歌った鉄道唱歌の案内板を読み込んでいると、鉄道好きと思われたのか、通りすがりの気のよさそうなおじさんに
「看板と一緒に写真撮ってあげるよ」

と話しかけられ、さらには隣接するローカル線・養老《ようろう》鉄道の大垣駅の説明までしてくれた。

地下水が豊富で、昔は町の各所に水路が流れ、家庭ごと井戸があった大垣は、水の都とも呼ばれている。今でもあちらこちらに井戸が残り、地元の人たちが家庭用の水を汲みにやってくる。八幡神社の井戸水で手を洗っていると、

「この水でいれたコーヒーは絶品だよ」

と、やはり親切なおじさんが教えてくれた。

大きなリュックを背負った私は、いかにも旅人に見えたのだろう。すすめられて飲んだ水はまろやかで、身体中がみるみる潤う。それにしても町の人たちが気さくに話しかけてくれるのも、井戸端文化が当たり前にあった土地だからかもしれない。

大垣を訪ねた一番の目的は、江戸時代創業の和菓子店・つちやの本店のみで購入できる、みずのいろを求めるため。寒天を使った干錦玉《ほしきんぎょく》というお菓子の鮮やかな色

は、ハーブで色づけしている。繊細ゆえに配送不可で、事前に予約したのを受け取りに向かった。元来は柿羊羹《ようかん》が有名な店で、店頭で味見させていただく。水がおいしい土地は食べものがおいしいと言うけれど、まさに雑味のない和菓子で、素材の甘さが際立っていた。

その後、大垣城の外掘りだった水門川沿いのミニ奥の細道を、そこに建つ句碑を鑑賞しながら歩く。かつて物資の輸送が川舟でおこなわれていたことを伝える住吉灯台そばの奥の細道むすびの地記念館にも立ち寄った。

松尾芭蕉が江戸中期に記した『奥の細道』は、江戸から陸奥や北陸を行脚して大垣に辿り着き、船町港から伊勢の遷宮《せんぐう》参拝に向けて出発するまでの俳諧紀行である。大垣に漂う清々しい気配は、豊かな水の恵みと、奥の細道むすびの地という誇りを持って暮らす人の心に根づく、詩情が織りなすものだろう。俳句が盛んな大垣市には、何気ない景色や心情を俳句で表す市民俳人が多いそうだ。

月日は百代《はくたい》の過客《かかく》にして、行き交ふ年もまた旅人なり芭蕉のように、とまではいかないながら、移ろう季節や自然の彩り、土地や人の趣を感じる旅を、これからも続けていきたい。

おみやげは銀座パン

銀座に来れば、必ずパンを買って帰る。上京のたび幼い私の手を取って、華やかな銀座の通りを嬉しそうに歩く母がそうしていたように。

元は明治生まれで、新しいもの好きの祖父の習慣だったらしい。御殿場《ごてんば》から東京へとつとめに出ていた祖父は、早い時間に仕事が終われば、故郷で待つ家族のために買いものをして帰った。そうして銀座帰りの夜は、片手に流行の文具や日用品、片手にパンの袋を抱え、子どもたちと祖母それぞれに、みやげとして手渡していたという。

もちろん御殿場にもパン屋はあったけれど、翌朝の食卓に並ぶ銀座メイドのパンの香りを、母は日本で一番優雅な街の匂いと感じ、とびきり贅沢な朝食を噛み締めていたそうだ。

そんな母の記憶を受け継いで、私も銀座で過ごした翌朝は、昨日眺めたショーウインドーや、歩いた道の景色を思い返しながら、こんがりふんわり温めなおしたパンを頬張る。

今はどこでも手軽にパンが買える時代。忙しかったり、急を要するときは便利だが、売り場と工房が隣り合わせにあるパン屋で、香ばしい焼きたての匂いを吸い込みながら選ぶパンは格別おいしいものだ。

年に幾度か、静岡から歌舞伎座に通う父と、昼の部の終演後に父娘でお酒を飲むことがある。待ち合わせは決まって銀座三越ライオン像前。ここと定めた酒場へ向かう前、まず横断歩道を渡り、銀座木村家へと立ち寄る。求めるものはいつも同じ、元祖酒種あんぱん五色詰め合わせと、それから食パン。

我が家の朝食は、父と祖母がごはん派で、母と姉と私がパン派と分かれていた。お酒を飲んだあと、父を見送る夜の東京駅で、芳醇《ほうじゅん》な香りがふわりとこぼれるパンの包みを「お母さんにね」と託す。祖父譲りで今も毎朝パンを食べる母の、翌朝の朝食となるように。

銀座木村家の母体となる木村屋總本店（正式には両社は現在、関連会社の関係。銀座四丁目の独立店舗をここでは銀座木村家と記す）は日本人がはじめて開いたパン屋。明治二年の創業時は文英堂という屋号で、現在の新橋駅ＳＬ広場付近、芝・日陰町に店舗を構えた。

日本のパンの歴史は、鉄砲やキリスト教と同じく戦国時代にはじまる。宣教師フランシスコ・ザビエルらが普及のきっかけをつくるも日本人の口に合わず、幕府がキリスト教を禁止してからは、長崎県の出島で西欧人だけのために、細々とつくられていた。

日本人による、日本人のためのパンを最初につくったのは、伊豆の代官・江《え》川《がわ》英《ひで》龍《たつ》（通称・太《た》郎《ろう》左《ざ》衛《え》門《もん》）。江戸時代後期、兵糧《ひょうろう》をつくるためにパン窯を築き、パンを大量に製造した英龍は、日本におけるパンの祖と呼ばれている。保存と携帯に適したそれは、せんべいよりも硬くパサパサとした食感だった。

その後、鎖国令が解かれると、外国人居留地に指定された横浜に外国人経営のパン屋が誕生した。

横浜を訪れる機会のあった木村屋總本店の創業者・木村安兵衛と、その息子・英三郎は、これから日本人はなにを暮らしの糧《かて》にしたらよいか考え、パンに辿り着いた。そして、日本人初のパン屋を開業するに至ったのだが、店をはじめた当初、噛みやすい米やうどんを嗜好する日本人に、ヨーロッパ風の硬いパンは受け入れられなかった。

柔らかいパン生地を開発すべく、試行錯誤の日々が続いたが、文英堂から屋号を木村屋に改め、銀座煉瓦街に進出した明治七年に転機が訪れた。

当時の東京は貿易港の横浜と違い、食パンを膨らませるホップの入手は困難だった。今ではパンづくりに当たり前のイースト菌の存在も、日本ではまだ知られていなかった。そこで誕生したのが、米と麹《こうじ》を熟成させた酒種酵母菌で発酵した生地で、餡を包んで焼き上げるあんぱん。酒まんじゅうから着想を得た、和洋折衷《せっちゅう》の菓子パンである。

イースト菌ならば四時間ほどで出来上がるパンも、酒種酵母菌を使えば丸一日かかる。酒種パン独特の香りや食べ口は、手間と時間の成果である。銀座木村家には他店にはない酒種室なる部署があり、脈々と元祖自然酵母パンの製法が守られている。

酒種あんぱんの定番と言えば、桜・小倉・けし・うぐいす・白の五品。そこに季節ごとの限定商品が加わる。最初につくられたのは、表面にけしの実をちらしたこし餡のけしと、てっぺんにふたつ窓が開いたつぶ餡の小倉だった。

続いて明治八年、山岡鉄舟《やまおかてっしゅう》の導きで明治天皇に献上された桜が生まれた。八重桜の塩漬けが埋め込まれたあんぱんは明治天皇がお気に召し、大衆の間でも一躍話題になる。「文明開化の味がする」「木村屋のパンを食べれば脚気《かっけ》が治る」と、かけそば一杯の値段と変わらぬあんぱんを求めて、銀座に人が押し寄せた。

銀座木村家にはもうひとつ、日本初のパンがある。明治三十三年生まれのジャムパンだ。開発したのは三代目・儀四郎。生地にジャムを挟んで焼くビスケットが発想の種であった。

焼きたてのパンを好むのは、日本人ならではのことらしい。日本一の立地といって過言でない銀座木村家には、七・八階にパン工場があり、常時焼きたてが店頭に並ぶ。

あんぱんもジャムパンも、酒種を用いたパンはみな、朴《ほお》の木製の木箱に寝かせて売り場に出される。昔はパンが硬くなることを、パンが風邪をひくといったそうだが、無添加のパンは風邪をひきやすい。丈夫で余分な水分を吸収する朴の木のベッドは、酒種ならではの風味を逃がさず、同時にパンの表面をしっとり柔らかく保つという。

「餡パンの本家銀座のヘソにあり」とは、明治時代に詠まれた川柳。当時、あんぱんはヘソパンの愛称で親しまれた。文明開化の頃は最先端だった店も、今では銀座で指折りの老舗になった。日本で当たり前にパンが食べられるようになったのも、銀座のヘソがあってこそ。

母へのみやげは銀座木村家が常だけれど、自分用には毎回異なる店を選ぶ。殊に百貨店の食品売り場は名店揃いで、一日に数軒はしごすることもある。さらに近年、特色の異なるパンの路面店も増えた。なにかのついでや、家族や自分の普段の食事のためだけでなく、手みやげや贈答用を求めるため、パン屋目当てに銀座へ赴くことがあるほどだ。

バゲットで名高いフランスパン専門店のヴィロンの西川隆博さんが手がける食パン専門店、セントル・ザ・ベーカリーがオープンしたときには、朝十時の開店直後から続く人の列を目の当たりにした。あんぱん旋風が沸き起こった明治時代の銀座木村家も、きっとこんな光景だったろうと、当時を想像した。

ガラス張りの工場と、スタンド式のパン売り場、ゆったり広いオープンキッチンと、昼・夜形態を変えて営業をおこなうカフェ。どことなく研究所のような趣を感じる店内は、既存のパン屋で類するもののない唯一のスタイルである。

私がなにより驚いたのは、閉ざされがちな製造工程を公にしているところである。工場内の手ごねした生地を焼き上げる行程、型から出して売り場に並べるまでの一連の流れ、小麦で白く色づく床の掃除の様子、キッチン内のサンドイッチのフィリング作業やコーヒーのハンドドリップ。その手元から足元まで、さらには使用する原材料も包み隠さず全てを見せている。列に並ぶ間、舞台のごとき能動的な作業風景にぐっと惹きつけられ、同時に完成までを自らの目で見た上で求められる安心感を得た。

店頭で販売されるのは、基本的に一本（二斤サイズ）の食パンが三種のみ。北海道産小麦・ゆめちからを使用し、湯種《ゆだね》・液種《えきだね》製法でつくる角食パンは、耳もしっとり生地になじんでいる。焼かずにそのまま食べれば、もっちりの食感と国産小麦の甘さを味わえる。

同じく湯種・液種製法を用い、北米産小麦を使用した角食のプルマンは、そのままならばもっちりとした滋味が感じられるし、さっくり焼いてバターやジャムと合わせるのもいい。北米産小麦を使用し、三十六時間低温発酵させた山型のイギリスパンは薄く切り、かりかりに焼いたとき本領を発揮する。バゲットのような歯ごたえが、さくさくと小気味よく体中に伝わる。

小麦以外の原材料には、北海道・美瑛《びえい》放牧酪農場産のバター・牛乳・脱脂乳が使われている。少々高価ではあるが、確かな技術と材料と、誰でも違いがわかるおいしさに納得し、多くの人がその味の虜になっている。

三種全て試したい人には、北欧家具が配されたカフェで、ジャムやバターの組み合わせを選べる、三種の食パン食べ比べセットをおすすめしたい。アメリカ・イギリス・フランス・イタリア、世界中から集めたトースターを自由に選び、自分でトーストして食べる様式もとても楽しい。

ふんわり焼きたては弾力があって切りづらく、一般的にサンドイッチをつくる際は一日程度置いたパンを使用する。しかしこちらのカフェでは、多少つくりにくくても、焼きたてパンの風味を活かして仕上げている。そして、男性客がフルーツサンドイッチやフレンチトーストなどの甘いパンを気後れすることなく注文する姿も、この店ならではの風景だ。

足を運び味わうまで私は、大人のための食パンの店と思い込んでいた。しかし実際に味わってみて、これこそ子どもたちが口にするべきで、本当においしい食パンを知ってほしいと思った。

私が子どもの頃に食べていた学校給食の食パンはパサパサに乾いていて、水分とともにとらねば、飲み込むのもひと苦労だった。多くの日本人がおいしい食パンの記憶を持たぬゆえに、食パンは廉価で、さほどおいしいものではないと認識されてきたのではないだろうか。

銀座から本当においしい食パンが浸透しはじめたことで、世の食パンのあり方が見直される向きにある。本当においしいものは、多少高価でも支持されることをセントル・ザ・ベーカリーが証明したのだ。

食パンと言えばもう一軒、今回巡った中では最も新しい、松屋銀座にあるブレッドストーリーも紹介したい。銀座の地に根づく松屋銀座と、広島に自社農場を持ち、土づくりから食卓づくりまで、広い視野でパンづくりを探求するアンデルセンが手を取りはじめた新ブランド。最大の特徴は、日本人の口に合う安全な国産小麦を使用していることだ。

客自らパンを選んでトレイに載せる、セルフトレー方式を日本で初導入したのがアンデルセンであるが、この店では対面式のブレッドカウンターを設けている。アンデルセン独自の社内資格制度を有するブレッドマスターに、粉の種類による味わいや食感の違い、パンのおいしい食べ方、料理に合うパンの選び方を教えてもらいながら味見ができる。国産小麦食パンは、そのまま食べてもおいしいけれど、トーストするとより香ばしさと食感が際立つ。

人気なのは、北海道産小麦・キタノカオリを使用した、ふわふわもちもちで噛みごたえのあるキタノカオリブレッドと、北海道産小麦・はるゆたかを使用した、しっとりもっちりの生地でチーズ好きにはたまらないゴーダチーズボール。トーストすると焼き餅のような力強い食感を楽しめる、三重県桑名産小麦を使用したもち小麦の山型トーストも愛好者が多い。国産小麦でつくるパンは、日本特有の調味料や食材との相性もよく、醤油や味噌を取り入れた、ごはん感覚で食べられるパンも豊富に揃う。

向かいにはワインコーナーとオリーブオイルコーナーがあり、店舗の垣根を越えて、パンとワイン、パンとオリーブオイルというふうに、パンに合う食品選びができるのも百貨店ならではの利点である。

さて再び通りへ出て、さらなる話題店へと向かおう。ドーナツ型のドアノブと照明、チョコレートのような壁。店まるごと童話の中のお菓子の家のような趣のパン屋・ハートブレッドアンティーク銀座本店へ。

不動の看板パンは、直径約十八センチ、子どもの顔くらいあるドーナツ型のデニッシュに、チョコチップとローストしたクルミを混ぜて焼いたマジカルチョコリング。さっくりとした歯切れの生地と、カリコリのチョコとクルミの組み合わせが絶妙だ。

名古屋市郊外の十五坪の店舗からはじまったパン屋だったが、その味の虜になる人がどんどん増えていき、今や全国どころか海外へと進出するまでになった。手みやげに、一度に三十個求める人もいるという。

もう一方の巨頭は、焼き上がり時間には行列ができるほどの人気者、太っちょ王様のあん食パン。もっちりソフトな食パンにたっぷりの餡を巻き込んで焼いた、一斤持つとずっしり重い食パンだ。トーストしてバターを載せれば、塩気がぐっと餡の甘みを引き立ててくれる。餡を二割増量し、カルピスバターと魚沼産米粉でつくられる銀座本店限定の銀座あん食パンは、購入整理券が配布されるほどの人気を博している。

ハート形をしたアップルパイ・ハートパイ、クルミと砂糖をまぶして焼いた銀座クロワッサン、カルピスバターを使用した極上バターメロンパン、他にも家族みんなで楽しめるパンがふんだんだ。私が訪ねた朝十時の開店直後、男女ともに年配者がどっさり買い込む姿が見られたが、私が母のために銀座でパンを買うように、家族への銀座みやげとなるのだろうと、微笑ましい気持ちになった。

銀座だからこそのパン屋を探して、ひと昔前は待ち合わせ場所としてよく知られた七丁目のニューコンパルビルへとやってきた。ビル一階にあるのが、ポンパドウル銀座店。昭和四十四年に創業し、まだ日本でなじみのなかった本場のフランスパンを広めた店だ。

お膝元は横浜・元町で、全国に支店のあるパン屋のどこに銀座らしさがあるのだろうと不思議に思われても仕方がないが、特筆すべきはその営業時間である。開店は朝十一時といたって普通なのだが、平日はなんと夜中の三時まで営業しているのだ。日本中を探しても、午前三時まで店を開けるパン屋はそうないだろう。高級クラブがひしめく銀座七丁目ならではである。

一店舗一工房制を導入するポンパドウルでは、真夜中でも焼きたてのパンを求めることができる。百種類以上揃うパンの中、この店人気の横須賀海軍カレーパンやバゲットはもちろん、銀座店ではアップルパイのホール、生地にフレーク状のチョコやキャラメルを練り込んだ数量限定の箱入りマーブルデニッシュ・ラコンテなど、高級パンが深夜によく売れるそうだ。

銀座パン巡り最後を飾るは、スワンベーカリー銀座店。クロネコヤマトの宅急便でおなじみ、ヤマトホールディングスが障害者の自立と社会参加支援のためにはじめたパン屋の一号店だ。

平日の開店は、銀座のパン屋では一等早い七時半。近年、銀座周辺に増える高層マンションに暮らす家族連れの客で朝は特に賑わう。近所の通信社や大きな会社の売店にパンの配達もこなし、昼からひっきりなしにやってくるお客たちに向けて、店併設の工房はフル回転だ。

よく売れているのは、どこから食べても均一にチョコチップの食感が味わえる、ふんわり丸いショコラと、水の代わりに北海道牛乳を使って焼くミルク食パン。手頃な価格で腹持ちがよく、ボリュームたっぷりの惣菜パンが多種揃い、銀座で働く人の強い味方といった品揃えだ。

みな忙しそうではあるが、互いに声をかけ合って生き生きと、真摯にパンづくりに向き合っているのがわかかる。その姿を見ていたらふと、町のパン屋さんに連れて行ってもらうたび、胸をはずませパンを選んでいた子どもの頃を思い出した。そして、幼い私の手を取り嬉しそうに銀座でパンを選ぶ母の姿も想像した。

私がパンとともに求めたのは、ネコ印が入ったクロネコマドレーヌと、白鳥印のスワンマドレーヌ。銀座みやげとして、しばらく会えていない父と母に、ネコのマークのトラックで届けてもらおうと思う。

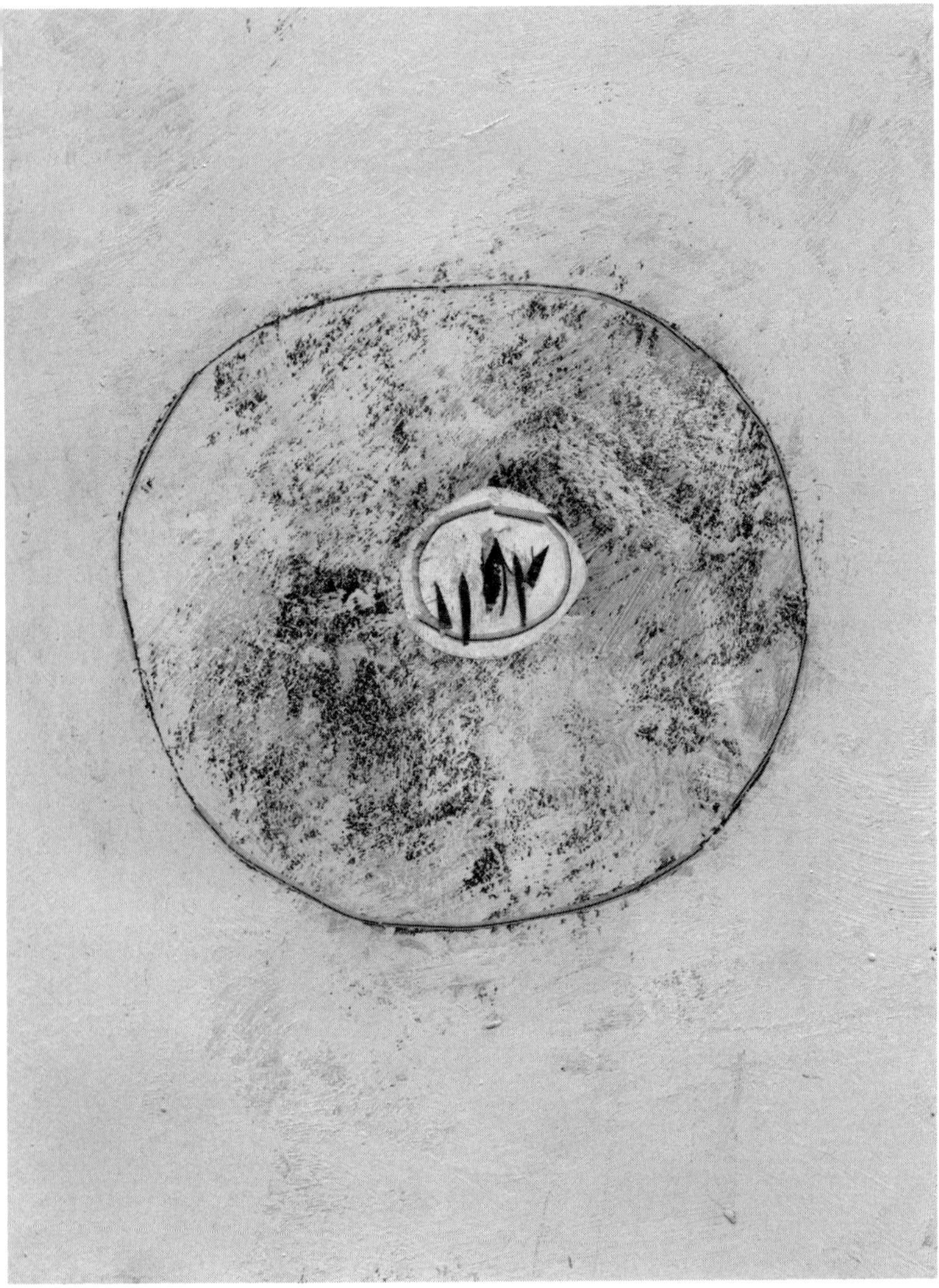

甘い架け橋

美穂子さんのこと

京都暮らしの美穂子さんと、東京暮らしの私は、毎月のように手紙やお菓子を送り合っている。頻度はだいたい月に一、二回。約束しているわけではないから、しばらく不精をしてしまったり、音沙汰のない月もある。伝えたいことや送りたいお菓子に頻繁に巡り合い、毎週のようになにかと差し出すこともある。

いただいたものに必ず感謝の気持ちは伝えるけれど、今度は私の番などという義務感みたいなものは、少なくとも私にはないし、美穂子さんにもきっとないと思う。贈りたいものがあるから、ただ送っているのだ。しかし本音を言えば、期待とはちょっと違うけれど、内心楽しみにしている。

美穂子さんからは、季節ごとに京都のお菓子が届く。三月にはひな祭りのお菓子、七月には七夕のお菓子。美穂子さんの頭の中の暦《こよみ》には、お菓子の印がついている。仕事のあと、数ある京都のお菓子屋さんの、その時季にしか手に入らないものを求めて、美穂子さんは自転車を走らせる。そうして手にしたつくりたてをすぐに、丁寧に大切に梱包し、東京へ見送る。いつしか私は、雅やかな京都のお菓子から季節を教えてもらうようになっていた。

日ごと思うことや、街のことなどを書き綴るのが私の仕事だ。日本中を、きょろきょろと歩き回って、考えたり感じたり、買ったり食べたりしている。ひとりで過ごすことは得意だけれど、好きではない。本当はいつも誰かに伝えていたい。「春ですね」とか「これおいしいですよ」とか「素敵なものを見つけました」とか。

美穂子さんと手紙やお菓子を交わすようになってから、私の日々にひとつ楽しみが増えた。日常で、旅先で、しみじみとした佇まいのお菓子を見つけたとき、美穂子さんの顔が浮かぶようになった。

ふたつ持ち帰って、ひとつは自分用に、もうひとつを京都へ見送る。

最初の手紙

最初を思い出すと、中央線車内の風景が浮かぶ。窓の外に流れる、駅から新宿までの景色とともに。

最初とは、京都の喫茶店・六曜社のウエイトレスである美穂子さんと、手紙やお菓子を交わすようになったきっかけのことだ。

「紙がつくりたいんです。商品として。プレゼントを包んだり、ただ壁に貼ってもいい。手紙を書いたり、本のカバーにもできるようなもの。紙じゃ愛想がないから、六曜社ペーパーと名づけて。その模様を六曜社のドーナッツとコーヒー豆と、マッチ棒とでつくれたらいいなって。修《おさむ》さんにお願いしてみようかと思っているんです」

新宿に到着するまでの間に、デザイナーのYさんに、思いきって打ち明けた。Yさんは、六曜社地下店のマスターの修さんと仲がいい。それに、私が立ち上げた雑貨ブランドの商品、マッチやカードなどのデザインをお願いしていて、相談役みたいな存在であった。無理だよと一笑されたら、諦めようと思いながら。

「いいね、面白い。まずは美穂子さんに手紙を書いてみたら？　ときどき修さんに代わって美穂子さんから手紙やお菓子が届くんだけど、すごくかわいい紙を使ってたよ。きっと美穂子さんも、みのりちゃんと近い感覚を持っているはずだから、まず構想を聞いてもらったらどうかな」

コーヒー豆を取り寄せるため、ときどき六曜社には注文の葉書を送っていた。店でコーヒーを運んでくれる美穂子さんとは顔なじみではあったけれど、どんなふうに手紙を書いたらいいだろう。突然のことに、困惑させてしまうかもしれない。断られてしまう可能性だってある。友人とごはんを食べながらも、ずっとずっと、美穂子さんにこれから書く手紙のことばかり考えていた。

誠実に丁寧に、六曜社の、美穂子さんがつくるドーナツのペーパーがつくりたいと伝えよう。たとえ無理だったとしても、悔いが残らないように。

便箋・封筒・切手はどれを使おう。なんて書こう。あれこれ考えたものだから、手紙を投函するまでに一週間以上かかってしまった。

手紙を出したあとは、どきどきしながら毎日ポストを覗いた。家にいるときに郵便配達のバイクの音が聞こえると、急いで玄関までかけ出した。投函してから七日後に届いた、美穂子さんからの手紙。封を切って、つんのめるように読み進め、ほっとひと息ついてから飛び上がって喜んだ。

「美穂子さんが嬉しいって書いてくれたよ」

Yさんに報告の電話を入れた。

それが京都と東京、手紙とお菓子を交わす日々、甘い架け橋のはじまりだった。

中目黒駅とチーズケーキ

今でも中目黒駅の、渋谷行きのホームに立つたび、修さんとチーズケーキを食べたことを思い出す。

美穂子さんが、私が、六曜社で働く女の子たちが、そして店の常連たちが修さんと呼ぶのは、美穂子さんの夫であり、六曜社地下店のマスター、そしてミュージシャン・オクノ修の顔も持つ、奥野修さんのこと。

十年以上前、京都から鎌倉まで、修さんのライブについて行ったことがある。私の他に、Yさんや六曜社で働くはっちゃんなど、総勢六名。京都駅の新幹線ホームで待ち合わせて、修さんがお気に入りのコーヒースタンドで朝一番のコーヒーを飲んでから出発した。

「ライブの前に、江の島でビールを飲もう」

車中での修さんからの提案に内心、相当に高揚していたのだけれど、大人ぶって平気な顔をしてみせていた。その頃ほとんどお酒が飲めなかった私は、空がまぶしいうちからビールを飲んだことなどなくて、だからこそはじめてを前に昂《たかぶ》った。

海にせり出すように建つ食堂のバルコニーで、海と空の青に挟まれながらジョッキで飲む生ビール。半分も空けられなかったけれど、これまで知らなかった楽しさや開放感がそこにはあった。

ライブ翌日、私とはっちゃんは修さんのあとをついて、東京の喫茶店を巡ることになった。東京に住んでいたことのある修さんは、東京にもコーヒーがおいしい喫茶店にも詳しかった。威勢よく、次々とおいしい店を目指してはしごする修さんを、なんて頼もしい大人だろうと思いながら、ひたすら後ろ姿を追いかけた。

学芸大の喫茶店・アンクルブブでコーヒーを飲んだあと、中目黒のチーズケーキの店・ヨハンへ行こうと言ったのも、たしか修さんだった。ヨハンはテイクアウト専門店で、一種類ずつひとつの箱に入れてもらった。

きっと帰りの新幹線の中で取り分けて食べるのだろうと思っていたのに、修さんは中目黒駅のホームでおもむろに箱を開け、手づかみでむしゃむしゃ食べはじめた。少しだけ驚いたけれど、すこぶる愉快な気持ちになって、私もはっちゃんも一緒にむしゃむしゃと、電車を待つ間に平らげてしまった。

あのときはまさか、何年かのちにこの街で暮らすことになるだなんて思いもしなかった。

六曜社地下店の奥の席

少女は煙草を吸うためにマッチを擦《す》るのではなく
マッチを擦るために煙草を吸う

京都で細々と立ち上げた「Ｌｏｕ《ロ》ｌｅ《ル》」という雑貨ブランドを象徴する言葉が生まれたのは、六曜社地下店の一番奥の席だった。

大阪の大学を卒業したその年、私は京都のイラストスクールに入学した。イラストが描きたかったわけではない。東京からやってくる講師の話を聞くことができれば、それでよかった。

平日は大阪にある田園という喫茶店でアルバイトをして、土曜日だけ大阪から京都へ通う。講義のあと、必ずどこか喫茶店に行くという決まりをつくり、方々の店へ足を延ばした。はじめて六曜社を訪れたのはその頃だった。この店は一階と地下で店が分かれていて、最初は一階の方へ立ち寄った。

まだ砂糖とミルクなしでコーヒーが飲めなかった私がせっせと喫茶店に通ったのは、喫茶店や居酒屋のマッチ箱を集めていたからだ。高価な装飾品や、触れることのできない美術館の絵画より、ポケットに入れて持ち歩けるマッチ箱に、私は特別なロマンスを感じていた。

六曜社を訪れたのもマッチ箱がほしいゆえのことだったが、名前も知らない誰かの抽象画と、「ろくよーしゃ」の文字が描かれたマッチに一目惚れをした。以来、一階と地下店を交互に訪れ、ミルクコーヒーを飲んでは、毎回必ずマッチ箱をひとつずつ大切に持ち帰った。いつしか宝箱の中は、六曜社色に染まっていた。

ひとりでも、ふたりでも、空いてさえいれば広い席へ通してくれるのも六曜社を好ましく思った理由だった。その日も、大阪から友達とふたり連れだって、地下店の中で一番広い奥の席に座った。注文はミルクコーヒー一杯ずつ、ドーナツはふたりでひとつ。いつもそれだけで、私たちは長い時間をこの席で過ごした。

先々に迷い、模索していた私は、不安を紛らわせるために夢中になって、夢や憧れを語った。やってみたいこと、つくってみたいもの、京都に住もうと考えていること、そしていつか東京で本を書いて生きていきたいこと。叶うあてもなくて、どれも空想の延長でしかなかった。

テーブルの上の灰皿に置かれたマッチを手で弄《もてあそ》びながら私は

「こんな素敵なマッチを擦るために、格好よく煙草を吸えるようになりたい」

とつぶやいていた。そのとき、私がやりたいことはこれだと思った。私の中の迷いが、確信に変わった瞬間だった。

誰もが気づいているところとは、全く違う場所から物事を見つめてみよう。他人から見たら意味も価値もないものでも、つくりたいものをつくればいい、書きたいことを書いてみればいい。

ずっと探していたものが、私の目の前に現れた。手の平の上の、六曜社のマッチ箱の向こう側に。

小包で届いた蛍

ある朝、ポロンと玄関の呼び鈴が鳴った。文筆家になるために上京し、阿佐ヶ谷に引っ越して間もない頃のことだった。仕事の資料かなにかかなと扉を開けると、待っていたのは小包を抱えたお兄さん。「冷蔵品なので冷蔵庫へどうぞ」と親切に、荷物の中身の行き先まで示してくれた。

送り主は京都の美穂子さん。六曜社ペーパーをつくっている最中で、デザインを確認するために美穂子さんと頻繁に手紙を交わしていた。その連絡ならば、冷やして送るようなものはない。東京に越して来てからも、修さんのコーヒーが飲みたくて、ときどき六曜社からコーヒー豆を取り寄せていたから小包が届くのは珍しいことではない。しかし、つい最近はコーヒー豆を頼んでいないし、これまでに冷蔵で届いたこともない。部屋に戻り、なんだろうとぼんやり考えながら紙の袋を開けた。

中には、和紙のリボンにひょいと封筒が挟み込まれた、お菓子の包みが入っていた。添えられた手紙には、南禅寺《なんぜんじ》のそばの小川で蛍が見られること、毎年蛍が飛びはじめると必ず修さんが教えてくれることが書かれていた
「日ようび、哲学の道に行ってきました。そう蛍です。すぅ〜すう〜とゆっくり動く、熱を伴わない冷たい光が神秘的です。しばし夢世界に浸りました」と、これまで幾度も繰り返されたであろう、美穂子さんの初夏の日常が楽しげに綴られていた。私も京都・祇園の料亭でのアルバイトの帰り、南禅寺近くの小川まで蛍を見に行ったことがある。小さく頼りないけれど、優しく幽玄な光を見つけた、あの小川だ。まだそう遠くない記憶の中にある、いつか京都で見た風景を思い出しながら、菓子箱の紐をほどいた。

美穂子さんの手紙と私の記憶の中に、残像のように映し出されていた光景が、ぽってりとしたお菓子に姿を変えてはっきりと目前に現れた。

そして私は思わず、「はぁ」と蛍餅十個分ほどの吐息をもらした。

すぐに口にするのも、ひとりで味わうのももったいない。こんなに愛らしいお菓子と美穂子さんの気持ちを、誰かと分かち合いたい。菓子箱をそっと、大切に冷蔵庫にしまい、近くに住む友人に「今日の午後、時間ない？」とメールをして誘い出

した。

　そして、美穂子さんにお礼の手紙をしたためようと、すぐさま便箋を広げた。けれども気持ちが急いてしまい、美穂子さんのようにさりげなく、近況や心情を書くことができない。私はのぼせた気持ちを冷ましてから、夕方、友達が訪ねて来る前に、京都へ送るお礼のお菓子を求めに出かけた。

なにより手紙で

美穂子さんとの連絡手段は基本的に手紙だが、宅配便や電話を使うこともある。宅配便は手紙とお菓子を一緒に送るときで、私はふた月に一度ほど六曜社からコーヒー豆を取り寄せていて、荷物の中に美穂子さんからの手紙とお菓子が同封されている。

電話は、本当に急ぎの用事があるときだけ。美穂子さんも私も、電話が得意ではない。美穂子さんは接客業で、私もなにかと人と話す機会が多いのに、ふたりとも相当な人見知りである。よほどの間柄でなければ、電話でも会って話すのも、緊張で言葉が詰まってしまう。だから日頃の生活でも、滅多に電話をすることはない。

美穂子さんからはときどき、速達が届く。赤い字で速達と書かれたそのまわりには、たくさん切手が貼られている。「六曜社ペーパーが売り切れてしまったのでまたお願いします」など、ふだんは注文の用件が多いのに、今日の速達には続けて約束の時間と場所が書いてあった。その少し前に、京都で食事をしましょうと、手紙でやり取りしていたのだ。

「来月の七日から五日間、京都で取材です」

「ではその間に、ごはんを食べませんか？　下鴨神社の近くに行きたいお店があるのです」

「私は八日の十九時か、九日の十八時なら大丈夫です」

そして、さきほど美穂子さんから届いた速達には「八日の十九時、ホテルへ迎えにまいります」と綴ってあった。

こんなふうに手紙のやり取りを続け、約束は確実なものとなった。私は六曜社で働くはっちゃんの携帯に、こうメールを送った。

「八日お待ちしていますと、美穂子さんに言づけをお願いできますか」

せっかちではないところ。気持ちや用事を伝えるのに、自分の手で言葉を書くのが一番しっくりくるところ。嬉しいことや楽しいことをお裾分けするのが好きなところ。そんなところが同じだから、美穂子さんと私の親交はずっと続いているのだと思う。

記憶を残してくれるお菓子

ガラス細工のような色とりどりのゼリーが届いた日、阿佐ヶ谷の我が家に何人かの友人が遊びに来ていた。本当のところは、私がひとりでは太刀打ちできない大きな仕事を手伝ってくれたのだが、とにかくその日は昼間から賑やかだった。仕事のあと、手巻き生春巻きの会を催すことになっていた。

そこにいた友人たちとはみんな、京都で出会った。学生以上、社会人未満のふわふわとしたときをともに過ごし、仕事のため同じ時期に京都から上京した気心の知れた仲間だった。

荷を解いたところで感嘆の声を上げると、隣の部屋から台所へ、なにごとかとみんながわらわらとやってきた。いつもならば、心の内だけで歓喜の思いを響かせるところだが、和やかな気配に気がゆるんでいたのか、とびきり高い声がでてしまった。日頃は、甘いものよりお酒が好きな男性陣からも、「うわっ」と低音の感嘆がこぼれる。どよめきは空気を伝い、升目状《ますめ》に仕切られた四角い紙箱の中に行儀よく並ぶ、輝くゼリーたちをかすかにフルッと揺らした。

無関心ではいられない、誰をも嬉々とさせる様相のお菓子。それが今届くだなんて。感謝とともに、開けた瞬間の歓喜を早く送り主の美穂子さんに伝えたいと思いながら、食後までお待ちくださいとみんなの視線を一旦さえぎり、蓋を閉めた。

生春巻きに舌鼓を打ったあと、「じゃんけんで勝った順に好きなものを選ぼう」と子どもみたいなルールを決めて、ひとつずつゼリーを配った。本当はガラスの器に載せたかったが、数が足りなかったので、銀色の敷紙のまま食べた。それぞれに自分が選んだ味を報告しながら、方々のをひとすくいずつ味見しながら。

それから私は、阿佐ヶ谷から代官山へ引っ越しをして、今は中目黒で暮らしている。美穂子さんから届くお菓子は、季節や添えられた手紙だけでなく、受け取ったときに暮らしていた部屋の匂いや光景、誰とどんなふうに食べたかという記憶も残してくれる。それからときどき、京都を思い出させてくれる。

はたして美穂子さんは、どんなふうに私が送ったお菓子を食べているのだろう。店の女の子たちと分けるのだろうか。家に持ち帰って家族と囲むのだろうか。それともひとりきりでじっくり味わうのだろうか。喜ぶ美穂子さんの顔とともに、私が選んだお菓子がどんなふうに、誰の口の中へ消えてゆくのかを想像するのも、送る楽しみのひとつである。

修さんのコーヒーの味

「近くにいらしたら、ぜひ寄ってください。コーヒー、おいれしますから。うちのはおいしいんです。京都の六曜社の豆なんです」

仕事などで一緒になった人と距離を縮めようと思ったとき、こんなふうに親愛の情を示す。人見知りな私の、精一杯の口説き文句でもある。

おいしいと言ってもらえたら、ほくほくと誇らしげに、また念押しするように

「六曜社の豆なんです」

と伝える。本当はもっと、六曜社のはここが違うとか、修さんの自家焙煎《ばいせん》はここがすごいと語れたらいいのだろうが、私にはコーヒーについての知識の引き出しがまるでない。だから、どうしておいしいのかはさっぱりわからないのだけれど、六曜社の豆を使うと、私みたいな素人がいれても、コーヒーメーカーでいれても、間違いなく口当たりのいいコーヒーがいれられる。コーヒーが好きな人にも、普段あ

まり飲まない人にも、滋味を感じてもらえるおいしさなのだ。

六曜社のハウスブレンドを飲むまで、苦味や酸味が気になってしまいコーヒーをブラックで飲むことができなかった。やっぱりブラックがいいと唸る人の傍らで、ちょっと後ろめたいような気持ちを抱えながら、控えめな手つきで砂糖やミルクを注いでいた。

そんな所思が崩されたのは、京都で近所に暮らす友人の家に遊びに行ったときだった。焙煎・豆の違い・いれ方を熟知し、コーヒー博士と称されるほどよく知った彼が、六曜社の豆でいれて出してくれた。博士は当然、ブラックで飲む。だから喫茶店のように、砂糖もミルクの用意もない。

郷に入っては郷に従え、砂糖とミルクはあるかなどと尋ねることは野暮だ。そんな思いでブラックのまま口をつけてみると、博士のいれてくれたコーヒーは滞りなく私の口になじんでいった。コーヒーなのだからもちろん苦みは感じるけれど、それが全く気にならない。はじめてのおいしいブラックに感激した私は、博士にもう一杯おかわりをお願いしていた。

数日後、六曜社のカウンターに座り、はじめてミルクコーヒーでなく、ハウスブレンドを注文してみた。もちろん、ブラックのまま口に運ぶ。やっぱりおいしい。思いきって修さんに話しかけてみた。それまで私は、ほとんど修さんと話したことがなかった。

「六曜社のハウスブレンドで友人がいれてくれたコーヒーを飲んで、はじめてブラックをおいしいと思ったんです。それで今日はブラックをお願いしたのですが、とてもおいしいです。豆を買って帰って家でもいれてみたいのですが、やっぱりハンドドリップでないとおいしくいれられないでしょうか」

「いえいえ、コーヒーメーカーで大丈夫ですよ。うちのは、誰がどんなふうにいれてもおいしく飲めるように焙煎していますから」

意外なほどあっさりとした、気負いない答えが返ってきた。私は、このブラックが家でも味わえることに嬉しくなった。

以来、家や仕事場で飲むコーヒーは六曜社のハウスブレンドで、京都から取り寄せたり、上洛《じょうらく》したとき買って帰っている。

しかし六曜社を訪れたときは今でも必ず、ミルクコーヒーとドーナツを注文してしまう。

六曜ガール

六曜社で働く女性たちのことを、私は密かに六曜ガールと呼んでいる。こう呼んでいるのは私だけではない。六曜社の常連たちの間で共通語になっているようだ。

二十歳過ぎた女性のことを、女の子とかガールなどと表するのに抵抗を抱く人は少なくない。私自身、その言葉を使わねばならないことがあると、そのたびにこの表現は合っているのかと考えてしまう。言葉の本質に従えば、正しい使い方ではない。しかし、白いサロンエプロンを腰の後ろできゅっと結び、六曜社で働く女性はみな、女の子とかガールという言葉がぴったりな、清楚な姿と働きぶりなのだ。世の流行り廃りとかけ離れた、どちらかというと古風な風情がある。

注文・お水・会計と、ちょっとしたことをお願いしたとき、快い声が響く。六曜ガールのサービスは決して過剰でなく、あくまでもさりげない。カウンターの中の修さんに、ぴりっと仕事を指し示されれば「はい」と歯切れよく返事をして、ぱりっと次の行動に移る。六曜社は、修さんと六曜ガールと客との間に、ほどよい距離が保たれているから居心地がよくて、何時間でもいたくなる。

ある喫茶店で一時間近く読書していたら
「次の注文をしないなら、そろそろお帰りください」

と言われたことがある。店の方針だから仕方がないと追加注文をしながら、以前修さんがこう話していたことを思い出した。

「うちは長居のお客さんは大歓迎なんですよ。一杯で何時間と過ごした人は、必ずまた来てくれる。一生のお客さんになってくれるからね」

修さんは、生涯に渡り通ってもらうことを大切にしている。これも六曜社が居心地いい理由のひとつなのだ。

六曜社には、一階と地下店、それぞれに常連客がいる。地下店は、修さんがいれたのでなくちゃというコーヒー好きが多いように思う。一階では、もう何十年と毎日決まった時間にやってくる近所の旦那衆に、六曜ガールがつうかあで応じる様をよく見かける。

美穂子さんとの手紙にときどきでてくるはっちゃんも、学生時代から十年以上、六曜社でウェイトレスを続ける六曜ガールだ。私が京都にいた頃、ともに遊んだ友人でもある。

先頃、修さんや美穂子さんとともに、はっちゃんの結婚披露宴に出席した。その帰り道に

「これからも、六曜ガールの花嫁姿を見送り続けるんでしょうね」

とふたりに投げかけると、美穂子さんは嬉しそうに笑い、修さんは

「そうやね」

と、深煎りのコーヒー豆を噛みつぶしたような表情をした。娘を嫁に送り出す父親みたいなどというと、少年の心を持つ修さんにはきっと嫌がられてしまうことだろう。

甘い架け橋

美穂子さんとお菓子を交わすようになって私は、季節を楽しむようになった。空や草花を染める色、風景の中に浮かび上がる形、手紙や会話を飾る言葉、道ばたにころんと転がっているものでも愛おしく思えるのは、美穂子さんのおかげである。また感謝を伝えたい気持ちがむくむくと湧いて、手紙を添えて、お菓子を送る。

「季節が楽しみになるっていいですね。近頃よく思うんですけど、生きる意味って結局、時を生きることなんだって。今年は雪が少なくてあまり冬を感じなかったけれど、その分長く春が楽しめるとか、そんな生き方がいいんじゃないかって。

季節ごとに好きなお菓子があって、誰かにプレゼントしよう。毎日そんなことばっかり思って生きているような気がします。季節のお菓子を届けようと思ったり、かわいいお菓子を見つけたとき、教えてあげようと思うのは、私自身が楽しいからです。そして、届けられたお菓子に元気をもらったりなぐさめられたりします。なんにもない日でも、お菓子が届いた日は特別な一日になるのです」

美穂子さんから届いた返事に、うんうんと頷き、添えられたお菓子をめいっぱい頬張る。

私たちがお菓子を送り合うのは、楽しくて嬉しいから。ただ喜んでほしくて、元気になってほしい。複雑なことなんてなにもない。誰かのことを好きになるのと同じくらい、なくてはならない、当たり前の暮らしの一部なのだ。

季節、お菓子、伝えたい気持ち。今日はなにが見つかるだろう。明日はなにかが届くかな。私はこれからもずっと、甘いお菓子を分かち合いたい。

お菓子が、人や時間の架け橋になる。

本書は下記に掲載された原稿に大幅加筆し、再構成しました。

12～33頁 『大人で可愛いナチュラル服』（主婦の友社） 2011年～2013年

34～59頁 『気持ちが伝わる おいしい贈りもの』（大和書房） 2012年

62～70頁 『紅茶と4つの小さなお話』（サザビーリーグ） 2008年

71～74頁 『毎日新聞　このごろ通信』（毎日新聞社） 2018年

75～82頁 『衣・食・住 暮らしの雑貨帖　ずっと愛したい、わたしのお気に入り』（マイナビ出版） 2013年

86～88頁 『ポケットに静岡百景』（ミルブックス） 2015年

89～91頁 『dancyu』（プレジデント社） 2016年

92～94頁 『PHP くらしラク～る♪』（PHP 研究所） 2018年

95～98頁 『抒情文芸』（抒情文芸刊行会） 2019年

99～101頁　未発表　2015年

102～107頁 『暮らし上手のおいしい野菜』（枻出版社） 2015年

110～132頁、142～145頁 『FLOWER DESIGN Life』（マミフラワーデザインスクール） 2011年～2018年

133～138頁 『一個人』（KK ベストセラーズ） 2015年

139～141頁 『FRaU』（講談社） 2012年

146～159頁 『銀座百点』（銀座百店会） 2014年

162～188頁 『京都・東京　甘い架け橋 ―お菓子で綴る12か月の往復書簡』（淡交社） 2010年

甲斐みのり（かい・みのり）

文筆家。1976年静岡県生まれ。大阪芸術大学卒業後、数年を京都で過ごし、現在は東京にて活動。旅、散歩、お菓子、手みやげ、クラシックホテルや建築などを主な題材に、書籍や雑誌に執筆。著書は『ポケットに静岡百景』、『ジャーナル』、『音楽が教えてくれたこと』（中島 愛との共著）、絵本『ふたり』（福田利之・絵）（小社）、『アイスの旅』、『地元パン手帖』（グラフィック社）など40冊以上。『歩いて、食べる 東京のおいしい名建築さんぽ』（エクスナレッジ）が原案のドラマ「名建築で昼食を」（テレビ大阪）の監修を手がける。

装画・題字　湯浅景子

編集・デザイン　藤原康二

本書の掲載内容は右記の執筆時のものにつき、現在は閉店している店舗や販売していない商品もございます。

たべるたのしみ

2020年9月22日　初版第1刷

著者　甲斐みのり
発行者　藤原康二
発行所　mille books（ミルブックス）
〒166-0016　東京都杉並区成田西1-21-37 # 201
電話・ファックス　03-3311-3503
発売　株式会社サンクチュアリ・パブリッシング
（サンクチュアリ出版）
〒113-0023　東京都文京区向丘2-14-9
電話 03-5834-2507　ファックス 03-5834-2508
印刷・製本　シナノ書籍印刷株式会社

ISBN978-4-910215-02-0　C0077